顾随
与现代学人

赵林涛 著

中华书局

图书在版编目(CIP)数据

顾随与现代学人/赵林涛著. –北京:中华书局,2012.6
ISBN 978-7-101-08630-0

Ⅰ.顾… Ⅱ.赵… Ⅲ.顾随(1897~1960)–人物研究
Ⅳ.K825.6

中国版本图书馆 CIP 数据核字(2012)第 057626 号

书　　名	顾随与现代学人	
著　　者	赵林涛	
责任编辑	李世文	
出版发行	中华书局	
	(北京市丰台区太平桥西里 38 号　100073)	
	http://www.zhbc.com.cn	
	E-mail: zhbc@zhbc.com.cn	
印　　刷	北京精彩雅恒印刷有限公司	
版　　次	2012 年 6 月北京第 1 版	
	2012 年 6 月北京第 1 次印刷	
规　　格	开本/700×1000 毫米　1/16	
	印张 10 ½　字数 120 千字	
印　　数	1-5000 册	
国际书号	ISBN 978-7-101-08630-0	
定　　价	38.00 元	

目　录

序

顾之京

今天，能有林涛的《顾随与现代学人》置于有关顾随研究的书籍之列与读者见面，还要从我和林涛的相识、交往、合作说起。

林涛是河北大学的学生，他在这里取得了学士、硕士和博士学位。不过我并没有教过他，以前甚至不知道河北大学有赵林涛其人。2005年底，林涛突然敲开小斋的门，简单的自我介绍后说明来意：他偶然在附近的一间小书店里，买到一本《顾随说禅》，读到了其中《古代不受禅佛影响的六大诗人》一篇，稍读几行，即有"拍案惊绝"之感。恰巧他的一位朋友名叫胡杨的女孩，正作为北大的硕士生在中国工人出版社实习，两人电话中谈到我的父亲顾随，觉得是个不错的选题，想要写点什么，而又对顾随了解不多，于是径直来找我谈谈。我当时手下正有一部关于父亲的类似传记或评传的九万字文稿，是三年前应一家出版社之邀而撰写的，交稿后社方工作拖拉延宕，再没有下文。这时正好把这一袋底稿交给林涛，作为参考，既省却了交谈的时间，又可免去一次交谈的局限。没有想到，林涛听了我对稿子的描述之后，当即说："顾老师，您这已经是完整的书稿，直接出版就可以了，我不能用。"就这么一句明明白白简简单单的话，竟让我一时不知如何作答。教了几十年的书，把自己的书籍、资料以至讲稿提供给自己的学生，这是平常不过的事儿，这是教师的本分，我所熟识的许多教师也都是这么做的，而像林涛这样的话，却鲜有耳闻。这深深触动了我，因为这让我了解到林涛为人与为学的品性。

这就是我与林涛最初的相识。本以为这件事过去了，以后也就没什么缘由再作往来，可是没过多少天，一件我根本不曾料想的事出现了。林涛第二次来到小斋，说胡杨想要一部分书稿看一看。我感到两个青年人盛情难却，出于礼貌，将书稿的第一、二章交给了他们；心里却没把这当回事，我想，一份旧日学者的传记，出自一个普通教师的手笔，现在哪个出版社甘愿出这种不赚钱的书？胡杨又只不过是在实习，不出半年就毕业走人了，她再有精神，出版社能重视她这个实习女学生的意见？然而，不曾料想的事情竟然成为了事实。不久，胡杨带来信息，出版社已将这部书稿列入出版计划，并且提出了大量扩充内容篇幅及对全书章节细目作精致安排的要求，且定书名为《女儿眼中的父亲——大师顾随》。

随着书的完工过程，林涛对我的父亲顾随渐渐有了较为深切的了解。交稿之后，他即设想再出版几种顾随的未刊稿。于是我们开始了合作，整理、校勘、编订了《顾随笺释毛主席诗词》等几种书稿。在共同工作的过程中，我和林涛的交往自然渐渐多了起来，除了讨论具体的文稿中的问题之外，我们谈话的内容从没有离开过我父亲的生活经历与创作道路这个主题。林涛思维缜密，反应机敏，往往能从我不经意中透露出来的一些细枝末节甚至"话茬儿"中，抓住我不曾留意的线索，抉出我忽略了的情节，而由此又使我们将话题向纵深开掘下去，有时还能引出一些新的线索或对问题的新的思考。林涛发挥他曾有的档案学专业的优势，时或查询搜索到一些鲜为人知的有关我父亲的历史资料。其时，我想林涛头脑中决不曾产生"顾随与现代学人"这个书目，但我们所谈到的、想到的、查到的这些东西，无疑是构成后来《顾随与现代学人》这本书的最初的坚实的根柢。

《女儿眼中的父亲——大师顾随》面世之后，在读者反馈的信息中，有人提到：书中关于顾随与周作人的关系所涉太少，甚至有人以为是否作者有意回避。周作人是父亲的老师，师生交往还是较为密切的，书中写及周作人处的确不多，但这在我来说，实是"非不为也，实不能也"，知之甚眇，无米之炊。这一情况触发了林涛探求历史真相的强烈欲求，他通过网络上的线索，很快查明我父亲当年曾为正在以汉奸罪接受审判的周作人出证的历史事实；而这时，我父亲1947年撰写的《跋知堂师〈往昔〉及〈杂诗〉后》一文，也在周汝昌先生提供给我的师生往来信件中找到了……于是林涛产生了填充顾随与周作人关系这段空白的写作灵感，很快草成了《顾随与周作人》一文，并由此一发而不可收，不停地阅读、搜寻、检索、研究相关的资料，陆续写出了《顾随与沈尹默》、《顾随与沈兼士》等多篇文稿。在他整个的撰写历程中，我们仍是经常地交谈、不断地发现；我也把自己知道的、随时想到的、找到的、得到的材料提供给他。就这样，《顾随与现代学人》如水到渠成般地完稿了。

再现顾随的真实形象，尽可能丰实生动地展示顾随一生自青年至老年生活中的各个侧面，是我和林涛共有的初衷和心愿。而透过这本书，若能约略地闪现出20世纪20年代至50年代四十年中那一代学人的生活意态、风神情采，则是我和林涛共同的期望，但愿这期望不致成为奢望。

这篇序文拉拉杂杂已经写了一大篇，实实在在是在唠叨家常，也该叫停了，但我最后还要说几句：这本书中关于我父亲的有些史料、有些故事，确是拙作《女儿眼中的父亲——大师顾随》一书中"女儿眼中"所未曾见到的，正可弥补拙作的一些罅漏，填充拙作的一些缺失，这是令我感到十分欣慰的。

2009年7月20日盛暑中草成

顾随与冯至

在顾随先生早年的交往中有三位挚友：卢氏伯屏、季韶（又作继韶）兄弟，还有冯至（1905～1993）。卢伯屏先生早在1939年病逝于四川，之前将所珍存的四百八十通顾随先生的书信交由季韶先生保管。上世纪80年代初，季韶先生将这些信札，连同顾随先生给自己的书信八十三通，整理成册，由后辈自西安携至北京，交给顾随先生三女之惠。这些书信，已全部收入《顾随全集》第四卷，我们今天于是才得睹顾随先生大半生（主要是青年时代）的经历、交游、思想、著述等等情况。伯屏先生长顾随先生数岁，是一位"名副其实的忠厚长者"① 冯至《怀念羡季》。此文作为"代序"收入《顾随先生百年诞辰纪念文集》（河北大学出版社1999年版）。[①]，热心教育，长于散文，惜一生漂泊在各地中学任教，默默无闻。季韶先生北京大学哲学系毕业，曾任西安师范学院教授、图书馆馆长，上世纪80年代去世。兄弟二人与顾随先生情深谊笃，"七七事变"后奔赴大后方，多所辗转，私务尽弃，惟始终将顾随先生书信随身携带，仅此即堪为文坛佳话，后学景仰。卢氏兄弟与冯至先生是涿县（今河北省涿州市）同乡，顾随先生与冯至先生的相识，便是因了卢氏兄弟的关系。

一、同学少年

顾随先生1920年夏毕业于北京大学英文系。9月，去往山东青州中学任英文教员。次年春，结识同事卢伯屏。1921年5月，由伯屏介绍，顾随先生开始与正在北大读书的季韶通信。

五四运动之后，随着新文化运动的发展，各种同人社团大量涌现。直接的原因，或许是受了季韶欲组织学会的启发，抑或是对季韶等人学会破灭的补救，1921年6月4日，在致季韶的信中，顾随先生提出了一个组织

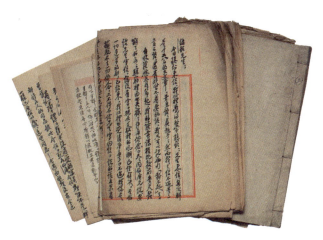

顾随致卢季韶书

"通讯社"的想法：

你们的学会，可惜销灭了。昨天我同伯屏兄曾议论到一件事，颇与学会相类。就是我们各人都将各人的同志彼此介绍。（就如伯屏介绍先生和我一样。）介绍以后，这些同志——会过面的或没有会过的——便组织一个通信社。人数至少也要十来个人，少了既不热闹，又不易发展。每月轮流作编辑主任。假如这个月里该着我，你们大家便都给我邮稿子，来信。（稿子不拘什么都可以，诗也好，文也好；不成片段的笔记也好；一两个人的私下通信也好。）

1921年7月12日美国教育家杜威与济南各界于大明湖历下亭前合影，后排右一为顾随

我便将这些稿子整理起来，用誊写板印刷，再装订起来，给每人邮去一本。这样一则可以通消息，交换智识；二则也可以鼓励求学的兴趣，将来可以作学会的根基。昨夜我谈到这里，伯屏很赞成，想来先生也是没有不赞成的。在科举时代，文人闲了，都纠合同志起文社。不想现在的读书人，一闲了便嫖、赌、吃、喝。

青年冯至

1921年6月底到次年7月，顾随先生曾在济南《民治日报》做过一年的编辑记者。当时，《民治日报》发行一种"半周刊"，每星期三、六出版，顾随先生是"其中最出力的人员"（1921年7月11日致卢季韶书）。于是，先生又有了进一步的想法，1921年10月20日在致伯屏信中说："暑假前我们嚷着办什么同志通讯社，归迄也没弄成。现在可否再联络起来，以'半周刊'为总机关？"其后，无论"通讯社"是否曾以一种什么形式在社会上公开，其实，几个朋友已经在用实际的行动贯彻着它的初衷。几个思想自由、努力上进的青年通过邮路，传递信件、文稿，报告境况、交流思想、互相批评。《民治日报》和"半周刊"自然也就成了大家公开发表作品的园地。

冯至，字君培，1921年考入北京大学预科。经过季韶的介绍，不久，冯至即成为这个"通讯社"的一员。1921年10月20日，顾随先生在致伯屏的信中第一次提到冯至："昨日并得季韶弟函并附有冯君君培新诗一首。明日为《民治日报》周年纪念增刊之日，遂将冯君佳作登载。俟报出版后当邮寄冯君一份。"次日，又在与季韶信中说："君培之诗，已在本报周年纪念增刊号中登出，今特寄去一份，祈阁下转交冯先生是荷。"藉此，可以判断，冯至先生与顾随先生通信，当即始于此时。而两书中所言登载新诗事，怕也是冯至先生公开发表作品的最早记录了。

冯至先生在《怀念羡季》一文中回忆当年的情形时说：

> 那时像我们这样的青年，大都不求人知，但对于知心好友，则唯恐彼此知之不尽，尽量把心里想的、眼前看的、读书得获的告诉对方，对方也以此相报。我和羡季由于对伯屏的信赖，很快就开始了频繁的书信来往。我们写的信如泉水喷涌，又如细水长流，延续了六七年之久。我们信里写的，往往有纵使晤面也未必能说得清楚的内容。我收到羡季的信，不据为己有，常给北京的个别少数朋友传阅。我写的信，羡季也不仅自己读，还在教室里读给他的学生们听。

几个志同道合的朋友对于彼此的来信经常可以用"渴求"来形容。一段时间，顾随先生较少得到冯至的来信和作品，便写信给季韶、冯至二人，谆嘱甚切："君培的近作，千万都寄来给我看。我渴极了，要饮些酒浆了。他如不寄，继韶可强迫他寄来。或不得他的允许，擅自寄来。"（1922年11月20日）又曾有书致冯至、季韶："过了阴历年，老没有得着您二位的信：不知是怎么回子事……深望二位文友努力潜修，竿头日进，使我好作屠门大嚼也。"（1923年3月12日）顾随先生只在早期写过新诗，而今仅见五题，其中两首提到冯至。其一是《禹临道中口占寄伯屏，代候京都、涿郡诸友》，作于1923年2月，首节即道："君已到京师，曾见老冯未？诗思长几许？近可有新泪？"老冯即冯至，其时当是在涿州老家休（寒）假。另一则《打油诗一首致君培》则道："新春小雨细如丝，又向君培索近诗。若问甘陵①顾羡季，近来搁笔已多时。"时在1923年3月12日，距前一首仅隔一月。

在一班文友之中，顾随先生最赞赏冯至的文字。1922年秋季，顾随先

① 甘陵：清河旧为甘陵县。

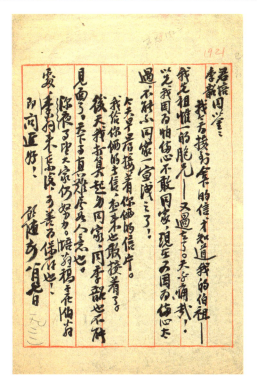

生旧疾复发，"病中发热极烈，思想极消极，一次忽思及身后事"，首先想到的就是托付自己的文稿："求父亲将拙著杂稿邮冯、二卢、孙四先生①校检付印。"（1922年11月4日致卢季韶书）几人的开列次第，头一个就是冯至。1922年11月20日，先生在给季韶、冯至两人的信中写有这样几行抒发友情的话："冬初大风呵，我该如何的感谢你，又怎样的恨你呵！你增加了我们朋友间感情，却又增加了我们相思的情怀和孤独的悲哀。"写罢忽觉文字不错，便在"增加"一句字旁画起圈儿来。紧接着，又自叹不及冯至文字漂亮："其实那里赶得上君培文字的漂亮呢！君培在前一封信里说道：'伴小灯，夜凉透肌，远远犬吠……此时怀人，何须秋雨？！'在最近的一封信里说道：'连刮了三天的大风了，也是应当的道理，风不刮，树叶子怎么会

① 孙芸生。

落呢？'又说道："……我也没有文学大家的天材，但我胸中自有一郁结之物，无以名之，名之曰"悲哀"。我要作一个"悲哀的歌咏者"，使悲哀之人得些安慰，快乐之人，也要落些眼泪。'此等笔墨，真如不食人间烟火者。视老顾所作之剑拔弩张，相去何啻万万。"顾随先生之所赞叹者，不独冯至的文字本身，更在乎文字背后所传达的思想和精神。顾随先生评价冯至的作品代表了一代青年的精神状态："居今之世，青年——有知识者——殆无有不觉烦闷者。君培诸作大都是此声之代表。"（1921年12月16日致卢季韶书）此时，两位先生还未曾谋面，顾随先生对于冯至的印象，也全凭往来的书信和文字。对于季韶在信中评价冯至"随遇而安，可称'乐天派'"的看法，感到"真是怪事"，先生的理解是："大约是君培天才高出，能超越烦恼，自寻乐趣之故。以著作作标准，君培之脑筋，确比伯屏兄及你我三人健全多多也。"（同前）

顾随致冯至、卢季韶书（1922年11月20日）

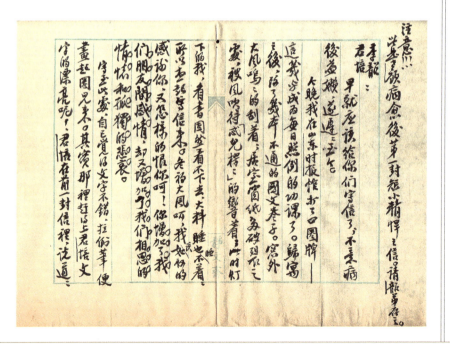

伊人，夜凉透肌，远……太吠……以防怀人，
何况彻夜乎！在最近的一封信裡说道：「连
到了三天的大风了，也是应呐呐的道理，风都
枵薥珋呜珋的嘶啦……」又说道：「……我也没
有多学文家的天才。但我胸中，自有一鼕鼕鼓
……却……鼕鼕鼕……鼕鼕曰：恝恳。我要作一个鼕
高的调子谝出……傅悲哀！哎人行些些安分，快乐
之人，也要活学！眯淚……岂学拿笔墨，真必不

贪人间烟火气。视之作乐所作剑拔弩张，
相者何迟迟耶？。

徒说忠作不出這樣之字。因為徒說太
热了，君语说：「風不刮，枵薥又怎么会响？」
思极淘之语，然而另一方面观来，也思极
热言之语，淘中见热了，方思立脚得恨住，岂
只思热，後究思不淌了。佛要普渡众生，岂
次知正思他淌家，不是他挪窝，尝时修道，

（右下）

淌结了晶才夜生香枸热——普渡众
生——的心愿呢！孔子要治天下，耶穌要
救世，热极了，但是你日甚了泥！孔子的学
说，两个要用了？耶穌的教义要被推翻了。
但是佛家的经，従没人敢说個「不字」，徒
弟弟你以为些香。

十二点半了，再写而罷，也写不完，且收住，
鮖为咱为々與木写吧！我近况平善暇，
他也好极心。

莘辛祉八九，寻语姼友，幸勿遗念。

莘生近日好吧！把這封信千方谨他有
看，使他眼住生影膀病已愈。能用思想，

屏之叆，諂莴欢通信，请带上二笔说
「案衆近来狠好，太远忙着打脚，匯博之段

又慌的近作，千方都寧来侦我看。我遇
枵了要依些酒特狠了。他必不寧的元行，擅寧的强
迫他寧来，或不住他的元行，擅自寧来々，
宵外的风声正吧着呢！

瓍。十一月廿日夜

二、关于《深夜》、《浅草》和《沉钟》

1922年2月，在顾随先生致伯屏的信中有这样一段话：

> 《民治日报》为济垣警厅勒令停刊，新年后已无报。君培诸人计划之《深夜》周刊至是亦不能不稍作停顿。次箫函中曾云：拟仍继续出刊《民治半周刊》。想系政党关系，《深夜》社中人物未必欢喜耳。请兄转告君培为祷。

从中大略可以看出，冯至和另外一些朋友似曾有过利用《民治日报》，创办《深夜》周刊的设想，而这个设想在付诸实施之前即因《民治日报》的停刊而被迫搁置。次箫，刘姓，曾与顾随先生一同主持"半周刊"，是顾随先生当时在济南最要好的朋友，经顾随先生介绍，与卢氏兄弟和冯至等人亦有来往，也是《深夜》周刊的支持者。在《民治日报》停刊的情况下，次箫仍有意继续经营"半周刊"以为同人发表的园地，但顾随先生考虑其风格未必与自己这班谈文艺的朋友融洽得来，所以恐怕《深夜》周刊仍无所依托。

3月1日，顾随先生致信告诉伯屏，说："《深夜》进行，已有眉目。刻刘次箫正运动《山东时报》代刊。我想也没有什么不行的。请你见了芸生、君培提一提。"但这个努力最终还是没有结果。

7月，由顾随先生与刘次箫等人共同策划的《十日》旬刊出版，刘次箫任总编。但旬刊关注的"俱是些政治问题"，连顾随先生自己都"不高兴投稿"，于是"觉着《深夜》越发有出版之必要"，同时感到"团体中人数太少，稿怕有不充足之虞"（1922年7月22日致卢季韶书）。

11月4日，顾随先生信告季韶，说："无论如何，我对于《深夜》，有不能卸脱之责。刷印一层，如北京、上海无望，可暂在济南付印（经济亦可暂由我负担）。我虽无新稿，尚有旧著可以塞责也。君培、芸生可整理稿件，交弟暂存。"关于"有不能卸脱之责"，笔者臆测，殆以顾随先生具备三个条件，一，年龄较冯至、季韶为长，且当时冯至等人尚在校读书；二，有活动的能力和热心；三，有职业（做编辑记者）的便利。此间，冯至、孙芸生等人也一直在为《深夜》的出版作着不懈的努力。

1923年4月21日，顾随先生致信伯屏，说："弟近对于《深夜》进行甚力，已去信与君培，征求印刷同意。俟得复函，即便着手印刷。暑前或可出版。"

至此，历经一年有余，《深夜》的出版似乎终于见到了曙光。但在顾随先生后来的书信和笔记中，于此再无更多记录，只有一条，1929年11月13日先生曾在致伯屏信中谈到一句："乾元亨已找得《深夜》稿版否？"同时，在冯至先生遗文、传记等可资查考的文献中，也不见对此事的记载，权衡来看，这个《深夜》，毕竟还是流产了。不过，史海中钩出这一段故事，可以令我们更多地了解顾随先生，了解顾随先生和冯至等人的交往，以及那时候那些个青年的思想和作为。

顾随先生集中，尚有一则趣文，名《〈深夜〉序（拟）》，作于1923年，乃是先生在济南女子职业学校任国文教员时，为学生所作的范文，文章是以学生的身份声口，故题目上加了个"拟"字。文中的"K师"，即先生本人。全文如下：

> K师将与其友人印行合集曰《深夜》，而嘱余等为之序。师就女职教席，于今且二载，课余常出其所为新旧体诗文示余等，率皆缠绵悱恻，欷歔若不能自已。师其今世之伤心人乎？何其言之痛耶？今之序，又不嘱彼文士作家、名公钜卿，而嘱之余等，则余等又曷敢以不文辞！
>
> 溯自蔡、胡、陈、钱诸钜子，唱"文学革命"以来，海内出版

物起而响应者，若怒笋掀土，春絮飘空。其时K师方肆业于北大，寂然无闻于著作界。三五年来，文坛亦稍稍沉寂矣。向之视以为"洪水猛兽"者，今亦且熟视无睹矣。师乃出其所著问世，亦可谓不善待时已。抑鉴于水之积也不厚，则负大舟无力，而留以有待耶？非余等之所知也。

忆师第一次来校授课为民国十年仲秋——时宿雨初晴，西风入户。既登坛，见其容癯以长，每发言急促如不及，而眉际深蹙初不稍展，私心固已怪之。嗣是口讲指画，时庄时谐，又窃怪与初见时不类。去秋大病复起，容益癯，眉益蹙，语低以激，短须长发，余等见之，辄不敢仰视。及读其病时所作，乃知师抱不羁之才，而饱经患难，遂成神经过敏之症，故悲喜不能自主。益怅然于其向之时庄时谐，为可哀也。

师之文，一如其人。每曰，吾作品中无笑字，即有亦"苦笑"；盖歌郭里所谓"口大笑而眼流泪"者也。作风不主一派，兴之所至，悲之所寄，一于其文中泻出之。余等未尝见吾师友人之作，然意必与师气味相投者。师自谓集中之作，泰半夜深篝灯属思所成，故名曰《深夜》云。

文末言及《深夜》名之缘起，只谓"集中之作，泰半夜深篝灯属思所成"，固非本义。或者就依此语，"夜深"一层，"篝灯"一层，"属思"又是一层："夜深"是处境，"篝灯"是愿望，"属思"是作为。《深夜》虽终归流产，这篇偶存的"拟"序，却印证了它曾经孕育的事实。

下面说说《浅草》和《沉钟》。

1922年，林如稷会同上海和北京一些爱好文学的朋友和同学组织成立了浅草社，次年秋，林如稷留学去了法国，社团也就停止了活动。其间，出版有三期《浅草》季刊，第四期本已排好，但在承担出版发行的泰东书局积压了一年多，到1925年2月才得印行。应该是由于冯至的介绍，顾随先生成为浅草社中一员，并在《浅草》第四期发表小说《失踪》一篇，署名"顾璠"。对于《失踪》，顾随先生曾在信中对季韶说："近中思想，可于《失踪》中见之，不具述。又此篇艺术尚有缺陷，以急于付邮，不暇削改矣。"（1923年12月17日）又说："《失踪》错误甚多，而老冯竟登之《浅草》，奈何！"（1924年4月12日）顾随先生自谦如此，事实上，非但冯至慧眼识珠，鲁迅先生亦对《失踪》赞赏有加，将之收入《中国新文学大系·小说二集》①。对浅草社和社中人物、作品的风格和特点，鲁迅的序言说得非常清楚：

① 鲁迅编选，1935年7月15日初版，上海良友图书印刷公司印行。

> 发祥于上海的浅草社，其实也是"为艺术而艺术"的作家团体，但他们的季刊，每一期都显示着努力：向外，在摄取异域的营养，向内，在挖掘自己的魂灵，要发见心灵的眼睛和喉舌，来凝视这世界，将真和美歌唱给寂寞的人们。

半个多世纪后，1987年12月7日，《人民日报》海外版刊登了一篇署名"余时"的文章——《写过小说的顾随》，其中说道："鲁迅先生的这一评语对整个沉钟社是否全部合适，现在已有不同看法，但用以来观察顾随的小说，我以为还是比较适当的。"②

② 转引自顾之京著《女儿眼中的父亲——大师顾随》，中国工人出版社2007年版，第59页。

《沉钟》是由冯至、杨晦、陈翔鹤、陈炜谟等四人于1925年发起并编辑的，当年出版了十期周刊，后改为半月刊。据冯至先生《回忆〈沉钟〉》一文介绍，浅草社一开始，就是以文艺社团的姿态出现的，社员人数较多，彼此并不都很熟识，冯至是于1923年夏才加入的；而《沉钟》的编辑始终是上述四人，从来没有组织社团的打算，对于文艺界给他们一个"沉钟社"的称呼，他们也未否认。因此说来，顾随先生不能算作沉钟社员，但确以笔名"葛茅"先后在《沉钟》半月刊发表了《孔子的自白》

（第五期）、《母亲》（第八期）和《废墟》（第十期）等三篇小说。

顾随先生在1958年所写的"自传"①中言道："我在十岁前，已经养成了读小说的嗜好……这一嗜好，到了我十五岁以后，竟发展到渴望自己成为一个小说家。"大学毕业后的最初几年里，顾随先生的创作以小说为主，公开发表的除上述几种外，尚曾以笔名"聋聱"、"梦珠"等在山东《民治日报》、《山东时报》上发表多个短篇小说，如《乡居》、《寂寞》、《浮沉》、《生日》、《嫉妒》、《美丈夫》、《海上斜阳》，等等，这些小说都曾在其友人及弟子间传阅，可惜多数尚在尘埋，未得发掘再版，否则将是进一步研究顾随先生早年思想以及新文学小说发展状况的宝贵材料。

三、各领风骚

据欧阳中石先生回忆，顾随先生曾经向他说过，在诗歌创作上，青年时期曾与冯至有过一个很有意味的"约定"，欧阳先生著文记述："二人的诗都不含糊，为了逊让，二位把旧体与新体分划领域，各守一体，冯先生不再写旧体，顾先生不再写新体。"②这一段往事，当发生在一对青年诗人漫游济南、青岛之时。

1924年6月，顾随先生辞去济南山东第一女子中学教职，接受了青岛新成立的胶澳中学③的聘请。先生约冯至先到济南，然后一起去青岛度夏。当时的济南还是家家泉水、户户垂杨，两人"几次大明湖上泛舟，历下亭前赏雨，品尝鲜嫩的蒲笋和某饭馆（吉元楼？）院内活水养育的鲜

① 即现存于河北大学的一份人事档案材料。

② 欧阳中石《只能仰望夫子，不敢忝作学生》（收入《顾随先生百年诞辰纪念文集》）。文中还写道："当时我开了一句玩笑：二位先生加在一起，则诗坛上用不着别人了。先生一下子严肃起来：我们当时绝无此意，只是我们二人之间的戏谑而已，一点没有涉及别位方家之意，可见人们自己的一举一动，一言一笑，都会形成社会的影响啊。"

③ 1924年2月建校，青岛一中前身。

欧阳中石（右）
与周汝昌（左）
在顾随百年诞辰
纪念会上

欧阳中石为顾随
百年诞辰纪念文
集题签

顾随先生百年诞辰纪念文集

中石再拜

鱼"（《怀念羡季》），时隔六十六年，冯至先生
仍能清晰地回忆起当年的情形："我们于七月初到
青岛。我们这两个土生土长的燕南赵北人第一次看
见海，非常兴奋。无论是海，是山，是花木园林以
及一些建筑，无处不是新鲜的。胶澳中学是欧战前
德国兵营旧址，坐落在如今的湛江大路①，到海滨
浴场要越过一座林木郁郁葱葱的小山。晴日我们去
海滨游泳，雨时在室内读书谈天。羡季从前写诗，
这时致力填词，也读西方的小说诗歌；我则写诗，
写散文，写不像戏剧的戏剧，杂乱无章，想到什么
就写什么。有时也沾染旧文人的习气，我们出游到
太平山顶，在石壁上题诗，致使一年后羡季在一首
《蝶恋花》前半阕里写道：'一自故人从此去，诗
酒登临，都觉无情趣。怕见太平山上路，苍苔蚀遍

题诗处。'"① （同前）两人在济南和青岛共度四十多天。其间，浅草社的主要成员陈翔鹤、陈炜谟等也应邀到青岛聚会，几人共同在胶澳中学编辑、出版了第四期《浅草季刊》②。

相聚的时光总是愉快而短暂，分携之际，顾随先生填词一首《临江仙·送君培北上》：

> 去岁天坛曾看雨③，而今海上秋风。别离又向月明中。沙滩潮定后，戏浪与谁同。 把酒劝君君且醉，莫言我辈终穷。中原逐鹿几英雄。文章千古事，手障万流东。

1924年于青岛城郊，
左二为顾随

① 顾随先生词名《蝶恋花·重阳寄君培》，作于1925年，共二首，此为其一："一自故人从此去。诗酒登临，都觉无情趣。怕见太平山上路。苍苔蚀遍题诗处。 客里重阳今又度。待到黄昏，依旧丝丝雨。颜上愁纹深几许。草虫相对都无语。"其二云："岁岁悲秋人渐老。越没心情，越是多烦恼。旧日酒边开口笑。而今醉后伤残照。 竟日雨声浑未了。点点丝丝，入耳成单调。为是黄昏灯上早。蓦然又觉斜阳好。"

② 事据鲁勇《青岛现代文学的发祥地——胶澳中学》一文，发表于2004年4月3日《青岛晚报》。

③ 参见蒋勤国著《冯至评传》附录之"年谱"：1923年"7月，顾随来京，与冯至及卢氏兄弟畅叙友情，纵谈中外文艺情况"。人民出版社2000年8月版，第340页。

这是一首送别朋友的小词，更是一曲相期共勉的壮歌。

大约从那时起，顾随先生的研究和创作开始转向古代文学，冯至先生则继续在他的新诗领域跋涉披靡。顾随先生似再没写过新体诗，冯至先生也少有旧体之作。

顾随先生早期也曾作过新诗，数量毕竟很少，所见不过四五首。对于诗——主要针对新诗——先生曾有过如下一段论说：

> 诗是有价值的文学。（野蛮人也有歌谣，可见诗是人类自然的"心之声"。）唐人的古风、长歌、行，我曾下过五七年功夫，读过廿家的专集，对于旧诗，也非常喜欢作。（"作"字当不起，不如说"胡诌"。）伯屏兄很看见过几首。我对于胡适之的新诗，固然欢喜，也不免怀疑。他那些长腿、曳脚的白话诗，是否可以说是诗的正体？至于近来自命不凡的小新诗人的作品，我更不耐看。诗是音节自然的文学作品，他们那些作品，信口开河，散乱无章，绝对不能叫做诗。我的主张是——用新精神做旧体诗。改说一句话，便是——用白话表示新精神，却又把旧诗的体裁当利器。（1921年6月20日致卢季韶书）

论及时人的诗集，先生说："我对于近人的诗集（除《尝试集》外），都不赞成。如《女神》、《草儿》、《冬夜》之类，我都买了，但是看了之后，便随手撂下，再也不想看第二遍。我想《湖畔》比上三书也高不到哪里去，所以也不想要。"[①]与上述见解和认识不无关系，顾随先生很少作新体诗歌，渐渐地，小说也作得少了，到青岛之后，填词的兴致倒是日益浓厚起来。

1927年的夏天，在冯至的帮助下，顾随先生印行了第一本词集也是第

① 1922年5月22日致卢季韶书。文中所及《尝试集》，作者胡适，《女神》作者郭沫若，《草儿》作者康白情，《冬夜》作者俞平伯，《湖畔》作者应修人等四人。

一本著作集——《无病词》。此前，顾随先生已于1926年9月去了天津女子师范学院。词稿分上、中、下三卷，在天津编好后，寄给在北京的冯至，由冯至设计、题签，交给北京大学红楼地下室的印刷所排印。关于设计、题签的情节，冯至先生回忆说："我尽我当时的审美水平，设计装帧，宣纸线装，书页上下两端留有较多的空白。羡季从词集里摘取两句能概括全书内容的作为题辞，朱印在扉页上，这做法在过去的诗集词集是不曾有的。他后来印行的诗集词集都采用这种装帧形式，只是北平沦陷时期他印的词曲集，限于条件，就因陋就简了。书成后，他叫我给词集题签。羡季长于书法，朋友们公认他的字苍劲有力，挺拔出众，我只在学童时临摹过欧体，此后毫无长进，而他自己不写，却教我写，我也毫不推辞，提笔写了'无病词'三个字。这中间没有别的话可说，只是由于彼此间真挚的友情。"（《怀念羡季》）时隔六十年后，顾随先生的后人再请冯至先生为《顾随文集》题签时，冯

冯至题签《无病词》封面

《无病词》扉页

《无病词》内页

至先生不胜感慨："羡季著作中，最早的一部词集和迄今为止最后的一部文集都由我题签，我感到一种非语言所能表达的欣慰。"（同前）这是后话。

《无病词》从酝酿到定版印刷，都是顾随先生和冯至两人一起商量完成的。稍早，1927年4月，冯至先生辑印了自己的第一本新体诗集——《昨日之歌》。两位先生的创作集同期先后出版，想这其中多少或也有一点约定的味道吧。尽管顾随先生坚守自己的创作领域，但对冯至先生的新诗却有格外的好评，晚年，他在给弟子周汝昌的信中曾写道："当代新诗人，四十年来只许冯至一人，此或半是交情半是私。比于《诗刊》见其新作，高出侪辈则不无，云霄一羽则尚未。"（1957年3月5日）这样客观的评价，又怎么能说有太多私心呢？

四、花叶寄情

　　《昨日之歌》共收录作者1921年至1926年的诗作50首，其中有两首可以明白判断是写给顾随先生的。一名《别K》①，作于1923年7月，也就是顾随先生《临江仙》词中云及"去岁天坛曾看雨"的那个夏月：

> 　　……
> 　　雄浑的风雨声中，
> 　　哪容人轻轻地
> 　　叙些娓婉的别语？
> 　　K，你自望东，
> 　　我自望西，
> 　　莫回顾，从此小别了！
> 　　……
>
> 　　梦一般，寂静地过去了，
> 　　心里没有悲伤，
> 　　眼中没有清泪：
> 　　K，仔细地餐——
> 　　餐这比什么都甜，
> 　　比一切都苦的美味吧！

　　顾随先生亦有诗相赠，题为《一九二三之夏漫游入京，即事得句，以书比慈雷画集，并赠君培文友，既以留别，亦以相勖》：

① 据陆耀东著《冯至传》，此诗原载1923年12月《浅草》1卷3期，题为《别羡季》，收入《昨日之歌》时略有改动，并改题为《别K》，编入《冯至选集》、《冯至全集》时，改题为《别友》。引诗（包括其下之《如果你……》）据冯至著《中国诗歌经典·昨日之歌》，浙江文艺出版社1997年版。

胶澳中学教职员
宿舍

少年事业未成功，侧帽
同来酒肆中。醉后天坛看落
照，心花迸作灿烂红。

冯至先生的诗更多几分忧
郁和缠绵，顾随先生之作则仍
是那般少年豪气。

《昨日之歌》中另有一
首《如果你……》，题下小
序说："三春将尽，K从海滨
寄赠樱花残瓣，作此答之。"樱花落户青岛至今已有近百年的历史。每年
的四五月间，第一公园（后改名中山公园，沿用至今）都会聚集大量的游
人去赏樱花。顾随先生自然也不会错过："樱花近日开得灿霞堆锦，中国
花惟海棠差胜其娇艳，而逊其茂密。我日日往游，无间晨夕。"（1925年
4月25日致卢季韶书）先生在书信中几次邀请好友到青岛参加樱花盛会，
似乎都没能遂愿，心中不免怏怏："近中情怀，凄凉益甚，每对好花——
以及好月好酒——辄恨无同心执友，同赏、同玩、同饮也。"（1925年4
月25日致卢季韶书）佳期易逝，转眼落花满地，残蕊缀枝，怎忍她埋没尘
埃，不如寄与远方的朋友……于是便有了冯至先生的酬答——《如果你
……》：

> 如果你在黄昏的深巷
> 看见了一个人儿如影，
> 当他走入暮色时，
> 请你多多地把些花儿

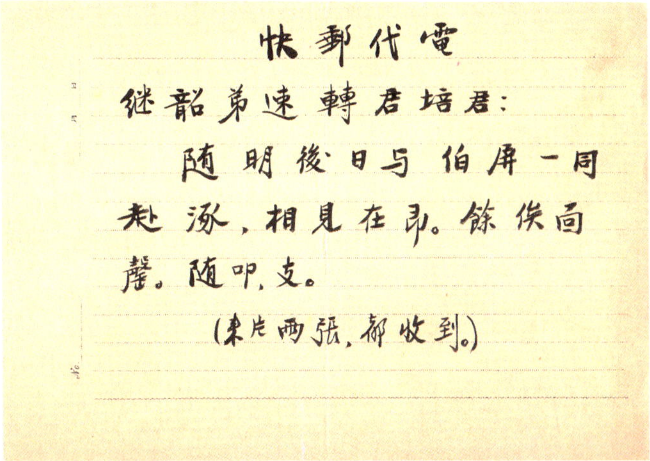

快邮代电

继韶弟速转君培君:

随明後日与伯屏一同赴涿,相见在昂。馀俟面罄。随叩支。

(来片两张,郁收到。)

向他抛去!

"他"是我旧日的梦痕,
又是我灯下的深愁浅闷:
当你把花儿向他抛散时,
便代替了我日夜乞求的
泪落如雨——

1925年秋,顾随先生又以黄叶题词相赠——《醉花间·题叶上寄君培》:

说愁绝。更愁绝。愁绝天边月。十五始团圆,十六还成缺。野旷树声悲,楼高灯影澈。若问此时情,一片新黄叶。

早在两年前的那个秋天,顾随先生曾在病中以"黄叶"自拟:"虫声四壁起离忧,斗室绳床真羁囚。心似浮云常蔽日,身如黄叶不禁秋。早

1925年词作手稿

知多病难中寿，敢怨终穷到白头。我有同心三五友，何时酌酒细言愁。"
（《病中作》）当时先生尚在济南，如今时过境迁，而"穷"、"愁"依旧，"一片新黄叶"，依旧在风中孤零零地徘徊，牵挂着远方艰难中跋涉的朋友。

　　《无病词》中还有《定风波·改旧作寄君培》一首，作于1925年，词云："口北黄风塞北沙。三千里外是京华。那里友人情绪好，常道，风中乞丐雨中花。　　海上飘零豪气尽，休问，上楼怕见夕阳斜。不住他乡何处住，归去，可怜归去也无家。"上阕写友人，其中"风中乞丐雨中花"一句或嫌费解，对此，冯至先生在《怀念羡季》文中解释说："这是我在1925年或1926年①寄给羡季的一首绝句。（前两句我想不起来了）后两句是'春去与谁堪共语，风中乞丐雨中花'。那时北京街头我最受感动的是狂风里缺衣少食的乞丐和霖雨中的落花。"词的下阕是作者自况。当时，顾随先生独自一人滞留青岛，进退彷徨，"上楼怕见夕阳斜"正是对万千心事形象而精妙的艺术概括："上（登）楼"是古诗中常用的思乡怀人的意象，而"夕阳"无疑更为这种悲凉的情调增添一缕惆怅。冯至当是不止一次地去书劝慰，于是顾随先生又写下一首《临江仙》："拄杖掉头径去，新来常爱登临。小红楼上六弦琴。四围山隐隐，万古海沉沉。　　眼下千秋事业，生前几寸光阴。三千里外故人心。倚阑良久立，北望一沾襟。"我们看到，顾随先生的愁苦并未因友人的殷勤劝慰而稍减——友情固然是最可慰藉的良药，却又在这愁苦之上更添一种相思。接下来的那个寒假，顾随先生再度进京，与冯至、季韶等人契阔谈宴，共话别情，一首《踏莎行·岁暮晤君培继韶京师》生动地描绘出当时的情形：

> 岁暮情怀，天寒滋味。他乡又向尊前醉。路灯暗比野磷青，天风细碾黄尘碎。　　炉火无温，烛光摇穗。布衾如铁难成寐。联床试共话凄凉，枕边各有酸辛泪。

1927年夏，冯至于北京大学德文系毕业，去往哈尔滨第一中学担任国文教员。顾随先生在当年7月13日致伯屏信中曾言及此事："今日晤及君培，谓哈尔滨其兄处有信来，邀他前去教书，月薪大约有百四五十元之谱。君培看在钱的份上，已复函应允。"其时正逢暑假，顾随先生得与冯至逛北海登山望月，在北平畅怀多日②，《无病词》的出版即是两人在

① 当是1925年。

② 事见1927年7月16日致伯屏书。

这段时间共同设计完成的。8月12日，冯至即将北上，顾随先生有《南乡子》相赠："镜里鬓星星。秋日那堪又别情。离合悲欢多少事，吞声。身是行人却送行。　　迢递短长亭。判着飘流过此生。莫似昨宵天上月，凄清。到了中元不肯明。"

这一回，该到顾随先生劝慰冯至了。《临江仙·君培书来颇以寂寞为苦赋此慰之》，词曰：

> 自是诗人年少，世人艳说诗翁。诗心好共夜灯红。窗前山断续，门外水西东。　　几个追求幻灭，何时抓住虚空。相思有路路难通。松花江上好，莫管与谁同。

另一首《南歌子·北上途中吟寄君培》作于自乡返津时候："此意无人晓，凄凉只自悲。一生断送两愁眉。忘却他乡作客，有家归。　　我又他乡去，故人何日回。一天冷雨正霏霏。怕想松花江冻，雪花飞。"两个他乡客，一对苦行人。当年冯至在京，尚有一班师友在身边，而今，顾随先生"凄凉""自悲"之际，神思却在冰天雪地中。

顾随先生抵津后，被友人招至肆中饮酒，于是又有了下面一曲长歌：

> 孟冬十月寒风起，草木摇落清霜里。棉裘毡笠辞家行，直南直北千余里。黄昏日落抵津沽，黄云漠漠尘模胡。故人见我出意外，握手相看一欢呼。市楼买醉消长夜，京师羔羊真无价。妃白俪红精且腴，鸾刀脔切妙天下。铜釜初看炭火明，釜中汤已沸作声。盐豉辛辣发滋味，佐以芜荽郁青青。不尝此味已三月，入口脆滑如欲咽。少饮能醉醉能狂，此际恨不天雨雪。饮罢倚楼一怅然，冯生远在松江边。夜半冻结江中水，凌晨积雪明烛天。书来苦道不得意，流泪成冰洒雪地。百年长恐负此身，一生悲苦人间世。呜呼冯生且

勿悲，诗人从古多如斯。江南江北烟尘起，干戈满地欲何之。君不见太白长流夜郎郡，又不见少陵奔走余孤愤。身后诗篇万口传，生前饥渴无人问。

诗的题目是《初冬自家抵津，友人招饮市肆中，醉后走笔赋此，寄君培滨江》。从首句至"握手相看一欢呼"，交代背景情由。接着以"市楼买醉消长夜"领起一段对涮羊肉的精彩描写：冬寒天气，有此美味，围炉对酒，谁不开怀？然而，"故人"并非解我之人，我思之人在松花江畔。"此际恨不天雨雪"一句，将聚饮之欢推至极处，却又如琴弦铿然而断，随即将人引入一片旷然凄苦的境界之中。

其实，冰雪中的冯至和火锅旁的诗人处境虽殊，境况却并无不同。"呜呼冯生且勿悲，诗人从古多如斯"，"悲"者不止冯生，"如斯"的又岂独一人？！烟尘四起，"干戈满地"，一介书生，又奈何得了！"君不见太白长流夜郎郡，又不见少陵奔走余孤愤"，收笔看似用李白、杜甫自慰慰人，其中实在蕴藏着巨大的愤激与不平。

五、同在北平的日子

1929年6月，顾随先生受聘燕京大学教授国文。在北平，两位先生有三段相处时光。一段自1929年6月至1930年9月，一段自1935年9月至1936年秋，一段自1946年7月至1953年9月。冯至先生的夫人姚可崑所著《我与冯至》一书中，为我们提供了两位先生相处的一点细节。

1929年冬，冯至考取河北省教育厅公费留学名额，但由于教育厅经费困难，直到次年七八月间，出国的事才渐渐有了眉目。这期间，冯至与可

1939年夏于牛
排子胡同寓所二
门前

崆的亲事还没有确定下来，家人朋友都在为他们着急。一天，两人在北海公园划船，顾随先生恰正走在桥上，姚可崆回忆道："当我们的船刚刚穿过桥洞时，他向我们笑着说：'多划几回船吧!'"①一句极为简单平常的嘱咐或说问候，饱含了无限的关怀与依恋。

① 姚可崆著《我与冯至》，广西教育出版社1994年版，第10页。

冯至于1930年9月启程赴德国，在海岱山（海德贝格）和柏林等地求学，1935年6月取得哲学博士学位，随后，与1932年9月赴德留学的可崆在巴黎结婚。1935年9月，两人经上海、南京回到北平："我们在北平与父亲共同生活，融洽和睦，享受天伦之乐。冯至的朋友顾随、林如稷、卢伯屏对我们都很关怀，常来聚谈。"②

② 姚可崆著《我与冯至》，广西教育出版社1994年版，第51页。

在北平停留不到一年，1936年暑假后，冯至就任上海同济大学教授，兼附设高级中学主任。抗战开始后，又随同济大学辗转迁移至昆明，1946年7月回到北平，任教于北京大学西方语言文学系。忆及初回北平时的情形，姚可崑在简单列举了数位友人的名字之后，说"我们和他们的交往，暂且不说，我要先谈一谈冯至的一位老朋友顾随"[①]：

① 姚可崑著《我与冯至》，广西教育出版社1994年版，第118～119页。下引在第119页。

冯至二十年代在北平的好友大都星散了……我们到北平后，冯至唯一可以相与话旧的老友是顾随……二人重逢，快慰生平。冯至把桂林出版的《十四行集》送给他，他读后，写了一副对联相赠，上联是"风尘诹洞三千里"，下联是"灿烂新诗十四行"。这里"风尘诹洞"与"灿烂新诗"交叉对仗，也许是对联中有这么一格吧。可惜这副对联在十年浩劫中跟家藏的其它艺术品一起，被毁掉了。

顾随常到我们家里来，他住在什刹海附近，冯至也去看他。二人见面没有别的，就是谈诗。他每逢写出诗来，都抄给我们看。1947年9月23日他有四首五律赠给我们，诗前有这样一段序：

"秋阴不散，霖雨间作。一日午后，往访可崑、君培伉俪于沙滩寓所。坐至黄昏，复蒙留饭。纵谈入夜，冒雨归来，感念实多。年来数数晤对，留饭亦不可胜计，而此次别来已一星期，仍未能去心。

1941年初冬与家人于碾儿胡同寓所房前

自亦不能解其何因。今日小斋坐雨，乃纪之以诗。共短句四韵四章，即呈可崑与君培，私意固非仅识一时之鸿爪而已。谅两君亦同此感。"

文章接着说，"从这序里可想见我们交往的情况。我们多次会晤，总是谈到夜深，正如那四首诗里有这样的句子：'不忍相辞去，秋宵已二更。"在《顾随全集》中，我们看到完整的这四首诗：

默师曾有句，一饭见交情。多感贤梁孟，推心旧友生。涂长叹才短，语罢觉灯明。不忍相辞去，秋宵已二更。

出巷行人少，衷心念未停。新吾非故我，四鬓尚双青。（自注：此语指两君，故曰四鬓。）云压疑天矮，雨疏闻地腥。觅车始缓缓，张盖自亭亭。

微雨难教住，归家倍有神。山妻知我意，弱女问何因。共说容颜好，仍夸气象新。拈髭成一笑，重见谪仙人。

解衣难入睡，思虑正纷纭。巨海千层浪，清宵万缕云。人终怜故国，天岂丧斯文。失喜高飞雁，罡风未断群。

其一写饭后长谈，依依难舍，"不忍相辞去，秋宵已二更"情谊绵绵；其二写乘车夜行，心念不住，"觅车始缓缓，张盖自亭亭"饶是自得；其三写面对妻女，喜形于色，"拈髭成一笑，重见谪仙人"忒煞可爱；其四写长卧无眠，思虑纷纭，"失喜高飞雁，罡风未断群"感慨深长。组诗四章，不仅形象而完整地刻画了作者的行为活动，更将心理活动生动地展现出来。其实，回顾二十多年间顾随先生所经历的艰难坎坷，和与冯至先生交往中

1948年底于李广
桥西街寓所院中

的风风雨雨，这久违难得的"拈髭""一笑"之间，又该有多少深味杂陈其中啊！

1948年底，北平和平解放。1949年2月20日，罗荣桓、薄一波、林彪、董必武、聂荣臻、叶剑英等新中国领导人在北京饭店宴请北平各高校的进步教授，顾随与冯至这一对挚友同在被邀之列。

现存《弄潮手记》和《旅驼日记》，保存了1948年10月至1949年4月间顾随先生的亲笔记事，从中可以看出，在此期间，两人除了通信，互访和晤面非常频繁。1948年10月19日记："下午至师大上三时课……君培同时有课，此后每周可一晤，快事也。"那时冯至似亦兼师范大学课，两人经常在校园碰面。有时，冯至也到顾随先生堂上听讲，12月21日记录："下午到师大，堂中不过三数人（君培亦出席）。"一周之后，12月28日，"一时许雇车赴师大上课，君培不知何故未出席，甚失望"。日记中五次提到去冯至寓所，受到冯至夫妇的殷勤款待，其中三次饭后方归。

1949年3月17日午饭后，顾随先生"即枕便睡去，矇眬中为妻唤醒，知君培与涧漪①来访，披衣倒履喜出望外，畅谈至四时始辞去"。往还之间，尤其从日记中"快事也"、"甚失望"和"披衣倒履喜出望外"等兴奋天真的表达中，不难感觉得到，两人的友情亲密到何种程度。

1949年，顾随先生被任命为辅仁大学国文系主任，兼任"附校（附属中学、小学）委员会主任"。北京师范大学聂石樵教授回忆说："1949年我入辅仁大学的时候，正是顾先生任系主任。开学迎新的会上，顾先生对我们说，在国文系，我这个系主任是配角，在座的老师们才是唱主角的。我没有什么能力，但我能请我的好朋友冯至、杨晦、李何林……来给你们讲课。"顾随先生担任系主任期间，曾请冯至为讲"杜甫研究"。

六、联袂登台

1953年2月18日，顾随先生接到北京图书馆的一封邀请函：

羡季先生：

我馆应读者要求，拟在本月底举办"爱国诗人杜甫讲演会"。已商请冯至先生主讲，为使读者对杜甫作品更多领会及欣赏起见，拟增加朗诵节目，久仰先生对中国文学研究有素，诗词朗诵尤为擅长，因特函奉邀，敬祈惠允，无任感荷。

　　此致

敬礼

北京图书馆

一九五三年二月十八日

顾随先生接受了邀请，到会做了诗歌朗诵。这是顾随先生大病三年后第一次在公开的社会活动场所露面。据当年参与这次演讲会组织筹备工作的冯宝琳先生回忆："当日会场上座无虚席，讲读者全神投入，聆听者十分专注，秩序井然。两位主讲大师，同是研究杜诗的专家，又是几十年过从甚密的挚友，彼此灵犀相通，配合默契，使讲演精湛，朗读传神，收到了相得益彰极佳的效果。盛会结束时，两位大师携手谢幕三次，全场起立，响起经久不息的掌声。"①

　　冯至认识杜甫，对杜甫发生兴趣，是从抗战开始的。据姚可崑回忆，冯至青年时喜欢读晚唐诗和宋词，对杜甫一直是"敬而远之"。抗战期间，他身受颠沛流离之苦，亲眼目睹"丧乱死多门"（杜甫《白马》）的残酷现实，才感到杜甫诗与他所处的时代和人民血肉相连、休戚与共，于是越读越亲切，越读越深入。"但恨平生意，轻了少陵诗"（陈与义《避虏入南山》）正可概括冯至当时的感受。其后几年中，他做了大量准备工作，终于在1952年，完成并出版了《杜甫传》。

　　《杜甫传》出版后，受到读者的欢迎，重印了四五次。也有专家在肯定这本书的同时，提出些商榷意见。《我与冯至》书中写道："这里特别要提到的是夏承焘和顾随给冯至的两封非常恳切的长信，夏承焘的信冯至还保存着，顾随的信被人借去，后来经过十年浩劫，人不见，信也无了。"②

　　有关顾随先生对《杜甫传》的评价，我们尚可于现存致周汝昌书中稍窥豹斑。1953年10月31日书中言及："关于《杜甫传》，此刻不暇详说，但记得前此手书所云云，于心不无戚戚。"虽然"前此手书"不得而见，但从"于心不无戚戚"一语，感觉先生似有失望之意。1953年11月信中又提到："述堂③至盼玉言④能以生花之笔，运用史实，作曹雪芹传。（不须如冯君培氏之《杜甫传》，要如说故事、写小说，始契私意耳。）"顾随

① 引自张恩芑《羡季先生朗诵杜诗——记北图"爱国诗人杜甫讲演会"》一文，见《北京辅仁大学校史》，中国社会出版社2005年版，第402页。

② 姚可崑著《我与冯至》，广西教育出版社1994年版，第102页。

③ 顾随晚号之一。

④ 周汝昌字。

先生理想中的传记是建立在史实的基础上，如"说故事、写小说"般的表达，而《杜甫传》是考据文风，当然于意不合了。

这里，我们不去讨论两位先生两种主张的是非薄厚，而是要来关注一下他们交往中的另一个层面，即是如何直言批评、坦诚相见的。

在上世纪20年代顾随先生写给伯屏、季韶兄弟的信中，经常可以看到几位志同道合的朋友之间互相批评勉励的话语。1923年3月26日致季韶信中提到："君培信中，劝我，'社会，能少接触些，便少接触些。社会是毁坏天真的器具呀！'他说完了这话，书后还带上一笔，说'我（君培自谓）太不客气了！'其实这又未免客气……他越不客气，越好。他不客气，我还许少些魔呢！"而冯至在济南和青岛与顾随先生朝夕相处四十多天之后，也"对于羡季有了进一步的了解。他在众人中间，从来不表露自己，显示才能……但是对朋友，对他得意的学生，则敞开胸怀，无话不

1955年与天津师范学院同事于书房合影，左三为顾随

谈。"(《怀念羡季》)

这是一种闻过则喜的心态，是一种推心置腹的交流，这才是真正的友谊。

1953年9月，顾随先生去了天津师范学院，并在那里走完自己的讲坛生涯，后来两位先生的交往记录已经难以考证了。《女儿眼中的父亲——大师顾随》记载了顾随先生离京前与冯至之间的一段故事："好友冯至考虑到他的身体条件，将他安排到中国社科院从事古典文学研究，可他深爱着教诲青年的讲台生涯，还是接受了早年弟子、时任天津师范学院中文系主任王振华的邀请，到天津执教。他对当时在天津师院任教的另一位燕京大学时的弟子杨敏如说：'那里（指社科院）没有学生呀！我不愿离开教学，离开学生。'"[1]

① 顾之京著《女儿眼中的父亲——大师顾随》，中国工人出版社2007年版，第47页。

七、怀念羡季

上世纪80年代开始，在逝世二十多年之后，顾随先生重新回到人们的视野。先生三女之惠、六女之京，以及叶嘉莹、周汝昌、滕茂椿等一大批弟子为发掘整理先生的遗文遗物多方奔走，这期间，也得到包括冯至先生在内的顾随先生诸位老友的热情帮助。之京老师尚记得几次拜访冯至先生的情节：

80年代初，之京老师为《当代中国社会科学家》撰写顾随先生生平，曾去拜访冯至先生。冯至先生向她提了两个问题，一是"你父亲"有几本词集；一是"你父亲"为什么别号"苦水"，实则是在考验之京老师的研究能力，为其指引研究的课题和方向。当时，冯至先生还提供出顾随先生的小说目录，为之京老师讲述了许多不为所知的陈年故事。

《顾随文集》出版前，之京老师与三姐之惠去请冯至先生题写书名。冯至先生欣然应允。回想当年曾为顾随先生的第一部词集《无病词》题签，如今又为当时最新最全的文集题签，冯至先生"感到一种非语言所能表达的欣慰"："羡季晚年的友好中间颇不乏著名的书法家，他们的字能使封面更为生色。编者不找别人，却找到我，我十分感动，我仍然未敢推辞，就此用这四字题签来纪念我结交四十寒暑的老友。"（《怀念羡季》）

1990年9月2日，经当年受教于顾随先生门下的辅仁大学中文系四一级学友积极筹备，在北京师范大学，为先生举行了逝世三十周年纪念会。此前，之京老师再度与三姐之惠一起，去请冯至先生撰写文章，于是才有了洋洋数千言的《怀念羡季》一文。文中，冯至先生评价顾随先生说："羡季多才多艺，写诗、填词、作曲，都创有新的境界；小说、信札，也独具风格；教学、研究、书法，无一不取得优越的成就。"冯至先生清楚地记得1922年深秋顾随先生病中给朋友所写信的内容。信中，顾随先生曾自撰挽联，上联是"昔为书生，今为书死"；下联是"人患才少，我患才多"。冯至先生说："平心而论，用这副自拟挽联概括羡季一生的才智，也未为不可。"冯至先生其时年事已高，未能亲临纪念会场，文章在会上由人代为宣读。在读者看来，冯至先生的这篇文章已是饱含深情，而冯至先生的夫人姚可崑看后却以为未足。之京老师回忆当时取稿时的情形：可

冯至题签《顾随文集》封面

崐先生说，写得"没感情"，冯至先生回以"你有感情，你写。"两位老人真挚率性的对话，听来让人不禁会心一笑。

上世纪80年代初，之京老师开始着手整理由顾随先生弟子叶嘉莹保存并提供出来的听课笔记。1990年底，之京老师将最先整理好的"论小李杜"寄呈冯至先生指导，冯至先生读后回信，对她工作的质量给予充分肯定，同时指出几点需商榷或改正的地方。顾随先生的"诗词讲记"已出版、刊登不少，而之京老师的整理工作目前仍在继续，有之京老师自身的博学与厚积，加之诸位前辈和学长的指导和帮助，整理工作日趋顺利和完善。

附录：冯至致顾之京书

之京：

我收到《河北大学学报》，把你细心整理的你父亲的《论"小李杜"》读了两遍。你不愧为名父之女，把文章整理得井井有条，我从中领会到许多你父亲的创见。但是我也有几点意见，写在下边：

1，题目可以改为《论小杜》或《论杜牧》，因为全文主要是论杜牧的诗和他的为人，提到李义山处不过是作为比较。并且文章结尾处明白写着，"至于义山诗之富于梦的朦胧美，余将另题说之"。

2，第32页，"Muse"是古希腊文艺女神的总称，共有九位，把Muse译为诗人，似乎不妥。

3，第34页第五段问题很多。第一，Voltaire的中文译名是"伏尔泰"，不是"福楼拜尔"。福楼拜尔是Flaubert（1821~

之京：我收到《河北大学学报》，把你阻你整理的你父视的《论小说》一文读了两遍。你不愧为名父之女，把文章整理得井井有条，我从中领会到许多你父亲的创见。但是我也有几点意见，写在下面：

1、题目似可改为《论小说》或《论小说散》，因为全文主要是论小说的诗和她的散文，提到我父的处，以是不是作为比较。而且文章结尾也明白写着，"至于以后这篇关于梦的朦胧美，余将另篇论之"。

2、第32页，"Muse"是古希腊文艺女神的总称，若有九位，把Muse译为诗人，似乎不妥。

3、第34页第三段向题很多。第一、Voltaire的中文译名是"伏尔泰"，而"福楼拜"，福楼拜是Flaubert (1821—1880)，法国著名的现实主义作家。第二、"I think therefore I am"，应译为"我思所以我在"，不能译为"我思故，因我我在"，这样译就把因果颠倒了。而且这句话不是伏尔泰说的，是法国哲学家笛卡尔（Descartes）的名言。第三、伏尔泰无论说过"我思

*一般译为"我思故我在"。

冯至致顾之京书（1991年1月7日）

场，因为我在"意义的话，我目前尚找不到根据，我只知近代诗多反对黄色的。

4、某常北大即音试，方不必引用，因为那是英文翻译（不是原文。）

5、另外有些英文字母排错了，我不例举了。

以上是我草发意见的第3问题。

我草学时时说，以类宏议论，里边有两届文字，对你父视的词颂多赞美。另三十年代写的，不知你该过这首？

祝你全家担未，工作顺利。

冯至
1991.1.7

1880），法国著名的现实主义作家。第二，"I think therefore I am"，应译为"我思，所以我存在"（一般简译为"我思故我在"），不能译为"我思想，因为我存在"，这样译就把因果颠倒了。而且这句话不是伏尔泰说的，是法国哲学家笛卡尔（Descartes）的名言。第三，伏尔泰是否说过"我思想，因为我存在"意义的话，我目前找不到根据，我只知道伏尔泰是反对笛卡尔的。

4，莱蒙托夫那首诗，可不必引用，因为那是英文翻译，不是原文。

5，另外，有些英文字母排错了，我不例举了。

以上所举，最重要的是第3问题。

我前些时读《吴宓诗集》，里边有两篇文字，对你父亲的词颇为赞美。那是三十年代写的，不知你读过没有？

祝你全家快乐，工作顺利。

冯至

1991.1.7

顾随与沈尹默

入燕京大学执教是顾随先生人生的一次重大转折，而在这次转折中起关键作用的便是沈尹默（1883～1971）。从此，顾随先生的生活逐渐安定，思想渐趋成熟，事业日益攀升。沈尹默不仅帮助顾随先生改变了人生轨迹，也深刻地影响了他的诗词和书法创作。

一、引入燕园

　　顾随先生就读北京大学时，与沈尹默并无直接的交往。一个人、一本书，在两人之间搭起一座桥梁。这个人就是冯至，这本书是《无病词》。

　　1927年8月23日，沈尹默有书致顾随先生：

沈尹默信封墨迹
（1927年8月23
日书）

　　日前由君培兄处得大著《无病词》一册，顷又奉手示，忻忭无似。我词辛苦得来，仍余辛苦之迹，不若君词手笔，差多自然清丽处，读之令人辄生空谷足音之感。此秘时流那得知？还与君秘之耳。何时晤对，深所企幸。

　　冯至亦北大学子，与沈尹默往来较密，想是顾随先生请他将词集转呈沈尹默的。沈尹默阅罢词集及顾随先生随后寄去的书信，回书报答，不但对顾随先生的词作大加称赏，并且表达了愿与之晤谈的愿望。沈尹默对顾随先生词作的喜爱确乎出于真诚：顾随先生好友、已故台湾大学郑因百教授在所作《论诗绝句一百首》之九十六有自注云："羡季印行其第一部词集，名《无病词》，沈师在燕京大学授课时，为诸生评介，评为佳作。"1928年元月前后，顾随先生晋京拜谒沈尹默。两人究竟谈了什么话已不得而知，但在随后顾随先生给卢伯屏的信中，我们仍可感觉到，这次会面似乎让顾随先生看到了新的希望："此次晋京，得识刘公纯，并晤沈尹默，似是生活上一个转机。"（1928年1月11日）虽如此说，此时的顾随先生似并未作他想。在京逗留十日，与伯屏作别，前途之忧、飘零之痛，使顾随先生惆怅满怀，书中还诉及："人类究竟胡为者？自家究竟胡为者？似此转来转去，不能自主，将来如何是好？！车上背诵稼轩词[①]，泫然泪下。"

此后不久，顾随先生间接获悉沈尹默仍在关注自己的词集出版情况。1928年5月10日致卢伯屏信中说："尹默师托人问我有意续印词集否，不知是何用意。或有意相帮亦未可知，会须作函一探口气也。"或许正是在一种若有若无的希冀的招引之下，顾随先生决定印行第二本词集。6月17日，有书再致伯屏，称："弟意到京后，第一先将词集付印，此亦无憀之憀也。"这年夏天，《味辛词》印制完成。

又过了半年，就在顾随先生感到无所适从的时候，郑因百来信称，正积极为其在燕京大学谋一教职：

今晚又得燕大郑因百书，谓该校某教授将辞职，渠因乘机向燕大国文主任马君[②]为弟推毂，马君与沈尹默、周作人诸人甚厚，久知弟名，颇有允意，一俟该教授辞职意决，当即为弟下聘书来。细绎郑君来信口气，似颇有几分拿手。惟郑君系一学生，竟向学校当局推荐教授，恐人微言轻，未易发生效力耳。但马君已允与沈尹默磋商，若得尹默一言，事必易于成功，然弟宁肯在此坐困青毡，不好意思向人启齿求好差使也。（若正值赋闲，走投无路，托沈先生谋一枝栖，则枉尺直寻，疑若可为。今区区一中等学校教员，乃觊

①书中所及为辛弃疾《鹧鸪天·重九席上再赋》，词云："有甚闲愁可皱眉？老怀无绪自伤悲。百年旋逐光阴转，万事常看鬓发知。 花下枕，竹间棋，闲茶淡酒两三杯。十分筋力夸强健，只比年前病起时。"

②马季明。

《春天的菜》
手稿（1931年）

《偶感致季韶》
手稿（1931年）

《汽车上，火车
上，洋车上，与
驴子背上》手稿
（1931年）

燕京大學
YENCHING UNIVERSITY
PEIPING WEST, CHINA

两句诗

一日看山三百里，
古人真是快我谁。

作诗者这位等辈还是民国纪元前十年，我看见是诗，距今已廿余年了。诗虽不好，但句己那时还是少年幼小不曾坐过火车，谁能坐过火车看山就鲜有趣。

用了现代的材料去写旧诗，轻率不绝难于佳。印是激为银辔的久作。掌上面两句今陈敬如的将头用雨人的扶雪中辔子背上……用Poets之作。浮东活泼泼的由身不Poetie。

剑门还是後来活巧妙的。古人曾说诗里忘滑稿……坐了火车望了此坐了火车程山是更苦。如果不是理智损毁了诗帐，也许就是世界变老了。

样的翠蓝；远，望会，彷彿不是天鹅绒的旁魂的山，而是天鹅绒那蓝的……有一次，是那多，离望了洋车连哄，看见西午阳光下的西山，是那做或——或巧说……的山。经四每底美的夏山呵！为什么我们的话

（……用手摸……也是……）

《汽车上，火车上，洋车上，与驴子背上》手稿（续前）

然托人代谋教授位置，无乃稍不自谅乎？人苦不自知，倘一反省，则弟诚不够一教授资格也。（1928年12月6日致卢伯屏书）

　　沈尹默在当时的文化教育界是举足轻重的人物，能得到他的支持自然容易促成其事。虽然始终没有直接向沈尹默请求援手，但从此书的言辞当中能够感觉得到，此时顾随先生对于沈尹默对自己的态度已经有了充足的信心。

　　在其后致卢伯屏的信中，顾随先生不时报告着事情的进展情况：

沈尹默

1928年12月11日："连日情绪甚偾张，也许是因为将要作燕大的讲师的缘故了吧……燕大的事情成否尚未可知。即使成了，我'应该'去与否也还是切身的大问题。因为是去教汉魏六朝文学与陶诗研究啊。那真不是我的拿手戏哩。倘去教词，我敢自信，无论如何，可以对付下去。然而现在要去教什么汉魏和什么朝代的劳什子，不独是滑稽而且近于冒险了。如何，如何？！"

1928年12月14日："燕大事已去信商磋，尚未得回音，不知能成功否。但即使成功，宜去与否，亦仍是问题，缘弟终视六朝文学为畏途也。"

1928年12月24日："燕大至今不见回信，想已成泡影，不过事非由我图谋，成败只好听之。"

1929年6月6日："燕大事已成；惟据说齐先生①决不放我走。"

1929年6月7日："郑因百昨赴燕大返，据说那边国文系主任已为弟指定宿舍，派妥功课。但聘书至今未下，则事情仍不能谓为定局。况齐先生各处宣言决不放我走。结果恐仍被扣留耳。"

1929年6月末："弟此间事已办妥。暑后即拟赴燕大一试。惟藕断丝连，齐先生意在将来此间师范院班次扩充后，仍请弟返任教席。"

经过一番等待和波折之后，1929年6月，顾随先生终于办离原学校，得任燕京大学讲师。这期间，多赖郑因百的联络照应，更离不开恩师沈尹默的推许。

此前，顾随先生一直辗转在中学教书，并以其深厚的学养和高超的课堂讲授艺术而深受学生喜爱和留恋，但对于一跃而为大学讲师，先生仍有些忐忑不安，而这，促使他进入燕京大学之后，更加努力精进。之京老师在《女儿眼中的父亲——大师顾随》一书中回忆说："那时我刚上大学不久，一次回家向父亲说起任课的老师谁是教授、谁是讲师、谁是助教，父亲说："我在大学里教书，没当过助教，一进门就是讲师，这全是靠了老师的力量，所以进了大学，不用说别的，为了不给老师丢脸，我也得好好卖力气！"说到这里，我母亲在一旁半是打趣半是心疼地说："唉！你爸爸要不是因为"卖力气"，哪里至于累得吐血！"[1]

1929年秋摄于燕京大学

① 顾之京著《女儿眼中的父亲——大师顾随》，中国工人出版社2007年版，第28页。

二、"为默老烧香"——学书

　　沈尹默是现代书法史上鲜与伦比的大家。他12岁开始学书，偏爱流美书风。25岁时，陈独秀批评他的字"其俗在骨"。于是他痛下决心，"始读包世臣论书著述。依其所说，悬臂把笔。杂临汉魏六朝诸碑帖，不以爱憎为取舍，尤注意于画平竖直"[2]。在彻底洗刷掉以前行草所沾染的俗气之后，年近五旬，"再开始学写行草，从米南宫经过智永、虞世南、褚遂良、怀仁等人，上溯二王书"[3]，终于形成了他雍容秀美、骨力遒劲、雅俗共赏的书法风貌。

　　顾随先生同样精于书道。郑因百先生《论诗绝句一百首》之九十四——《顾随》云："屋梁落月念词英，曾见烟云腕底生。三百年来无此手，却将加倍许秋明。"首句评顾随先生之词，二句即说其书法，对于末后两句，作者自注："曾见其作字，运笔快速，顷刻数纸。燕大同学严君誉为'三百年来无此手'。羡季闻之曰：'然则沈先生是六百年来无此手也！'"顾随先生喜爱沈尹默书法到了极处，誉"其精者直入晋

② 转引自紫都、刘超编著《于右任沈尹默李叔同书法鉴赏》，中央编译出版社2005年版，第91页。

③ 马国权编《沈尹默论书丛稿·学书丛话》，香港三联书店1981第1版、岭南美术出版社1982年第1版，第148页。

唐诸贤之室，下者犹当高揖董玄宰、文徵明辈也。"（1942年6月致周汝昌书）1937年，得到沈尹默寄来的诗稿卷子，顾随先生精心装裱起来，并为之赋诗五首，其一云："毫端纸上意何如，临向寒窗臂欲酥。此事应知无敌手，少陵句法右军书。"自注说："字极精妙。临写数过，毫无入处。"顾随先生不止一次表达过对沈尹默的赞许和追随之意。上世纪40年代初，弟子史树青到访，顾随先生示以沈尹默自重庆寄来的行书立轴，并告诉弟子："学书三十年，最爱尹默先生书。"[①]1943年8月27日，又曾在给弟子周汝昌的信中言及："近十年中作诗与作字，确实为默老烧香。"所谓"烧香"，乃佛家语，顾随先生在一则诗注中曾说："烧香者，宗门嗣法弟子住山后，为其传法师烧香也。"

对于自己的学书经历，顾随先生曾在给弟子滕茂椿的信中有所述及：

沈尹默行书册页局部（1939年8月）

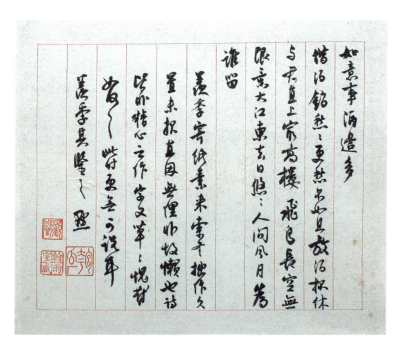

　　吾早年临苏黄，难于精进，后从吴兴沈尹默先生游，服膺其用笔理论与实践，并悟"腕力遒时字始工"之奥诀，乃取晋唐诸大家行楷碑帖悉心揣摩，日日临读，于褚河南、小欧阳尤多致力焉。[1]

① 引自滕茂椿《清河顾随先生临帖四种跋》（收入《顾随先生百年诞辰纪念文集》，河北大学出版社1999年版）。

　　这可以说是于顾随先生学书之路的最精练而又最完整的概括了。可以看出，先生早年也曾走过一段弯路，然而这个弯路不是"取法"，而是"取径"的问题，即只见苏（东坡）黄（山谷），而未会苏黄之所从来。直至受到沈尹默的教导，寻根溯源，心摹手追，才得出唐入晋，成就一家风范。

　　顾随先生与沈尹默在书法上的师承关系，可以从以下几个方面略窥一二：

　　一是力追二王。自唐迄今，学书竟以二王为宗。沈尹默经过多年的体会和研究，领悟到从米芾的临本或者从唐宋书家的名迹入手，才能够也容易上溯到二王书法的源头。顾随先生初学苏黄，直到"从吴兴沈尹默先生游"，乃始取法晋唐诸家行楷碑帖。1938年，先生作《偶成二绝句》：

学晋未能复学唐，当年曾记写苏黄。如今始会苏黄笔，也有些儿出二王。

褚虞欧薛有书名，米蔡苏黄若重轻。摹古端须能变古，山阴亲见写黄庭。

前一首说自己回过头来再看苏黄笔法，才发现其中原有二王意趣。1953年3月3日，先生致信周汝昌，评东坡致陈季常书"乃坡书最无习气者，其高处直欲上追二王，竹庵①极喜之"。此言正可作诗的注语。后一首前两句所举尽是传续二王书脉的唐宋大家；第三句说师古但不要泥古；"山阴"是王羲之所处之地，"黄庭"指王羲之小楷"黄庭经"，第四句是说若能真正悟得王书真趣，何异于亲见羲之眼前作书？

① 竹庵，顾随晚号。

二是学帖为本。明清以降，"馆（台）阁体"充斥书坛，书风日益流利靡弱，阮元、包世臣、康有为等继起呼号，倡导从秦汉和北朝碑版中挖掘雄健朴茂的内涵，追求金石铸刻的气息，掀起"碑学"书法的浪潮。沈尹默则是对立的"帖学"阵营的主帅。书风日下不是学帖的问题，而在于人们已经渐渐失去了古人用笔的妙义。沈尹默坚信所谓"秘而不传"的"笔法"的客观存在，潜心从历代传世法书名帖中寻绎出毛笔的运动轨迹，终于使当时可能被淹没的帖学书法重新崛起。顾随先生曾说自己学书"闭门造车，既无师承，亦未求人印可"（1943年8月27日致周汝昌书），而自追随沈尹默之后，遵从老师的教导，将大量闲暇时间都用来临帖、读帖，尤其寒暑假期，用功更是勤苦。1942年暑假："吾比来写

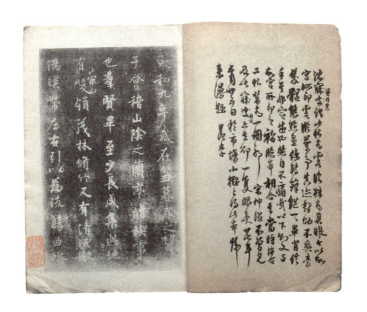

有正书局民国八
年珂罗版精印
《宋仲温藏定武
兰亭肥本》及顾
随题记

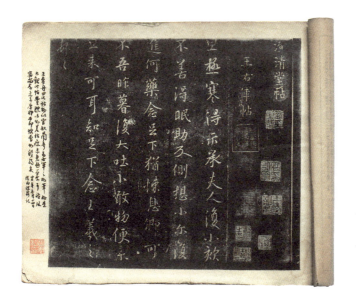

有正书局民国六
年珂罗版精印
《南唐澄清堂
帖》及顾随题记

顾随临《同州圣
教序》（局部）

欧书虞恭公碑，京高纸，行四格，日写百许字，愈写愈丑，却不肯放弃此工作。以每年暑中照例如此，所得为不少。"（1942年7月4日致周汝昌书）1943年8月27日，他向弟子周汝昌说："吾近中作楷仿唐人写经，而兼用信本、登善笔意，自谓颇得古人妙处。"顾随先生还以此教导自己的学生滕茂椿："兄年富力强，公余之暇，正宜勉力读帖、临帖，久而久之，自有一番悟入，亦自有一番受用。"（1942年10月11日）

今存顾随先生临同州《圣教序》，及临《黄庭经》、《张黑女》、《善才寺碑》、《道因法师碑》等四种，已先后于1990年和1992年由天津古籍书店影印出版，尚可一睹先生颖下风范。对于顾随先生的临池之功，欧阳中石先生极言赞叹：

对于写字，我特别敬服能临摹的先生。因为临摹人家是学问，独创是自造，当然自造容易临摹难。临摹有标准，自造没标准。质言之，能临摹的一定会自造，能自造却往往不会临摹。当然能临摹又会独创了不起，但轻易遇不着，往往是只会独创而不会临摹。如顾先生，是那么了不起的大家，竟能临褚及小欧，如此精到，我由衷的敬服，因为我办不到。根本不想办到的，不办也就罢了，而想办办不到，只有敬服。[1]

① 欧阳中石《只能仰望夫子，不敢忝作学生》。

　　三是讲求腕力。主张学帖并不意味着拒绝从碑石中汲取营养。沈尹默初受黄自元影响，字苦俗而无力，觉悟后痛下苦功，一意临写北碑，务要彻底洗刷以前行草书所沾染的俗气。其间，为克服不能悬腕作书的问题，他仔细研读包世臣的《艺舟双楫》，勤习汉碑，四年辛苦，废纸如山。如此经过二十几年，至1930年48岁时才觉得腕下有力，并悟得"腕力遒时字始工"的道理。在顾随先生的日记中，我们同样能够见到关于悬腕的记录："年来发觉自家作字起笔时用力太轻，落笔时用力太重，此是悬腕之不得法也。"（1948年11月13日日记）又在1944年寒假说道："近一月以来……只写得张黑女墓志两过，唐人千文一过，魏栖梧善才寺碑两过，俱是寸楷方格眼子，虽不能说无小小长进，但心手仍苦不克相得。"（1944年1月16日致孟铭武书）顾随先生清楚地认识到自己在某些方面相对于老师的不足之处，并认为："若其指腕之无力，临池之功疏，则天也，非人力之所能及，而不佞于老师乃有夫子超逸绝伦，而回瞠乎后矣之感。"（1953年10月31日致周汝昌书）由于指腕无力，自然难得下笔"镇纸"。他说："默老之字下笔镇纸，此固由于得天独厚，亦其数十年工力所积，非可以等闲企及也。"（1948年6月7日致周汝昌书）然而，顾随先生亦自有其迂回之法。先生一度喜欧书且极力临摹，曾自言："有人说苦水行草全不似欧法，彼又讵知苦水作如是行草之全赖于欧法哉！"（1942年7月4日致周汝昌书）但又自嫌腕弱，且兼精力不足，不能尽其遒劲峻拔之美，于是转而向褚法借径，后又倾力学习唐人写经与六朝小碑版，兼取甲古、金文、许书、汉碑，尽悟晋贤一脉承传的用笔运腕之法。

　　顾随先生深深会得老师"腕力遒时字始工"的妙境。1943年，史树青以所藏沈尹默早年书联"秀句满江国，芳声腾海隅"求先生题跋。顾随先生为书七绝一首：

腕力劲道无不宜，出唐入晋竟谁知。腾空挂角无踪迹，此是灵蛾破茧时。

论及沈尹默书联，史树青先生说："尹默先生毕生屡次强调'运腕'的重要性，并主张学魏晋人书，此联腕力劲道，纯用提笔，遵循着两晋南北朝书风，而有所独创和发展。"[①]又对顾随先生跋诗作如下注语："从

① 史树青《顾随先生题沈尹默书联小记》。

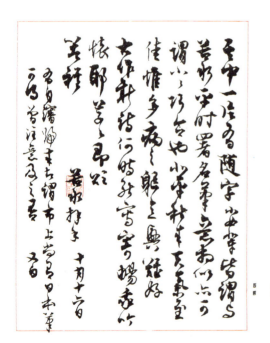

顾随致史树青书

诗中可以看出先生视尹默书法是从晋、唐人出。'出唐入晋'、'灵蛾破茧'全是先生平日学书、作书之体会。此诗虽是题尹默先生书，不啻是先生论书、创作之自白。"①

　　四是注重平直。"横平竖直"是习字的基本功，执笔、运腕、行笔、结字，等等一系列的技术要领都能在这看似简单的四字要诀中得到锻炼和纠正。在修正习气的过程中，沈尹默"但着意于画平竖直，遂取《大代华岳庙碑》，刻意临摹，每作一横，辄屏气为之，横成始敢畅意呼吸"②。顾随先生同样奉此为根本，并以之教育女儿和弟子。之京老师还记得，小时候父亲就是这样要求她们姊妹的："歪歪斜斜自以为'帅'的字，父亲讥之为'扛着膀子'，横道不平父亲说'像条扁担'。"③外甥孙书秀年少辍学，参军后时常给舅父写信，顾随先生见他的字愈写愈不成样子，回信批评："你的字写出毛病来了，横不能平，竖不能直，像一堆乱劈柴，也像一群'窝风鸡'，看起来叫人不好认，而且也感觉不舒服，以后要注意矫正。"④滕茂椿是顾随先生在燕京大学任教时的弟子，在现存顾随先生致滕茂椿的二十四通书信中，多有对其学书的指导。1942年10月8日书中说："吾辈平时作书，信手写去，遂多病态，比至立志学书方才觉得虽不为晚，然总不免多费一番手脚。平直乃是苦口良药，多多服用，自然有益。"1943年6月5日书中说："有正书局之放大本《黄庭经》，若以唐人平直之笔意写之，颇有好处。"十年之后，滕茂椿书法已颇有可观，顾随先生致信首肯其"笔姿益见挺秀"，"惟结体间有不合法度处，尚是揣摩古帖工夫未到之故"。又举自己从沈尹默学书的经历，说自己年已望六，"始窥见古贤使笔运腕之妙，而于结体仍未能古朴茂密"，鼓励他说："兄年事方盛，已有此成绩，假之岁月，何愁不成乎？"（1953年2月11日）可见，"横平竖直"不仅仅是初学写字需要遵循的法则，也不局限在正书一格，而应当作为一种习惯和意识，始终坚持和奉行，所作字才能工

①　史树青《顾随先生书同州圣教序》（影印本）序言。

②　马国权编《沈尹默论书丛稿·学书丛话》，香港三联书店1981第1版、岭南美术出版社1982年第1版，第147页。

③　顾之京著《女儿眼中的父亲——大师顾随》，中国工人出版社2007年版，第210页。

④　顾之京著《女儿眼中的父亲——大师顾随》，中国工人出版社2007年版，第211页。

稳有法度，挺秀而自如。

顾随先生之学沈尹默，追随既久，用力既勤，而终有不及之憾。1959年9月10日，在致周汝昌的一封信中，先生这样写道：

1941年初冬与外甥孙书秀在碾儿胡同寓所

玉言上次来书，以拙书与默老相提并论，不佞期期以为不可。子贡之言曰"赐之墙也及肩"；又曰"夫子之墙数仞"，夫"及肩"讵可与"数仞"比高哉！默老论运笔曾说"有提，有按"，又曰"随按随提，随提随按"。不佞尝叹斯言抉千古之秘。但不佞窃谓：默师作字，按笔多于提笔，故行书上接千古，独步一时，而不善作草。旧尝于兼士先生处见其草书，不及行书远甚，则少用提笔之故也。顾其每一按笔，不独力透纸背，直是入木三分。使不佞从此加工，心摹手追，天假之年，或可几及。环境不许，终为空想而已。又，默师体力犹厚，老而不衰，意之所及，手能写之，不佞羸疾为累，意中虽有会处，笔下仍有距离，得之于心而不能应之于手。平生每叹吾于默师，虽非仰弥高，要是钻弥坚。此非妄自菲薄，乃是言出由衷。玉言定能会吾此意耳。

……

不佞作字有两大病：一者执笔，大指不能横直而是上仰，故字体每每左上角局促而右下角懈弛。二者布白，横竖平直尚作不到，无论疏处可使走马，密处不使透风已。

言辞之中，顾随先生既未对老师一味推崇，更不护自己之短，如此精到用情的表白，正可为我们学习和欣赏两位先生的书法提供宝贵的提示。

对于顾随先生的书法成就，周汝昌先生曾专文①赞誉：

① 周汝昌《顾随先生的书法》，《中国书画》2003年第4期。

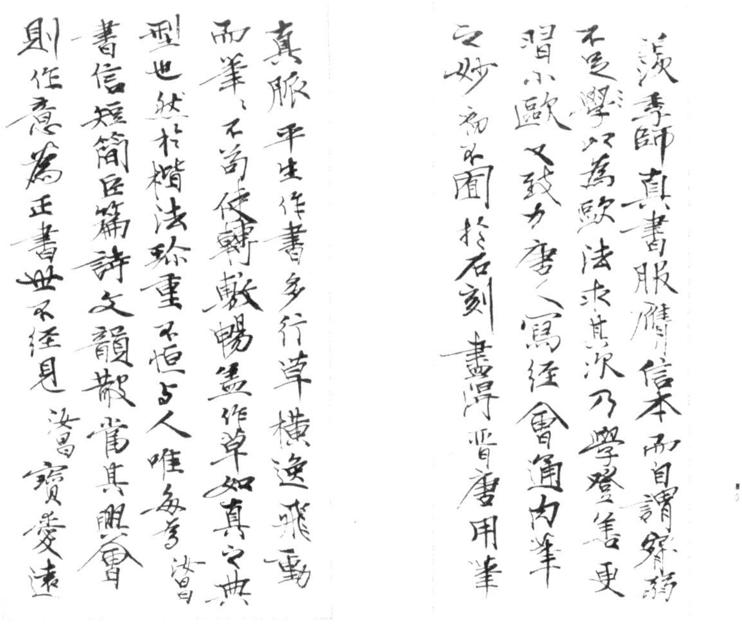

就笔者一隅之见，先生早年似乎颇受沈尹默先生的影响，上世纪40年代之初，犹可觅见这种痕迹。但这是一种入手的途径，而非墨守成规，因为沈书的造诣虽堪钦佩，而其用笔却还不能完全满足寻求晋唐真脉者的要求与愿望。

……

顾先生的字，得此数家大师之营养，"字向纸上皆轩昂"（杜少陵句，此借用），绝不"躺"在纸面上。他笔笔鼓立，笔笔到位，笔笔飞动，绝无一丝一毫的松、塌、蔫、浮、滑、走、败。其神完气足，精彩百出，令人叹为罕觏。

自唐中叶以后，未见有书到此境者——我如此说，会招致疑

周汝昌《顾随先生临同州圣教序》题跋

惑，以为我是师生之契，有意张皇……我自问我们是论道论艺，并无人情世故羼扰的余地。

顾随先生师法沈尹默，决非亦步亦趋，死于师门之下，而是学其所学，别开自家生面。1936年5月30日，沈尹默致信顾随先生说："我近年来专意临摹晋唐人名迹，虽然多少没却自家面目，但暗中仍是进展向自家新辟的一途径去。"并且语重心长地对弟子说："兄当了此意耳"。顾随先生当然明白老师的道理和苦心，并多次以此教导自己的弟子。他曾直截了当地批评弟子孟铭武之学沈尹默，"多因袭，少变化，固是一病"（1953年10月31日致周汝昌书）。更将多年学书宗旨向周汝昌和盘托出：

> 不佞从老师学书，学其所能学，其限于天资而不能学者，即亦不强学，且别寻补救之法；学其所必当学，其不必学者，亦决弃而不学（饶他非心非佛，我只即心即佛）。又，老师之书亦自有其所学，不佞则又刻意于老师之所学。（同前）

信中说：向老师学习，有可以学到的，有难以学到的，对于后者，应当想方设法去学。老师的东西，有的需要学，有的不必学，对不必学者，需要坚决放弃。另外，老师的学问也有自己的渊源，要想在老师的基础上有所突破，还要注意向源头汲取营养。

顾随先生于师门之外别开生面，还有一个有力证明，即晚年转而致力于章草的临写和研究。

1940年以后，顾随先生于研读佛经的同时，开始留意兴起于汉代的章草。时至1952年，大病稍渐痊可，医嘱不可作诗填词，但可稍事临池，遂以临写章草为日课，从中"颇有左右逢源之乐"（1953年5月8日致卢季韶书）。早在1948年，弟子周汝昌曾购得《邓文原章草真迹》一册赠与先生。而今，顾随先生重新临读此帖，将之与另外四种《急就篇》的临本（徐本、赵本、颜本、太和馆本）比较对照，细加审校，并在帖子的行间及空白处留下许多朱笔校点文字。这些文字大体包括五个方面内容：一是对五种临写本字形与结体之不同进行比较；二是指出邓本结体之误与欠佳处；三对各本所异之字加以辨析；四对各临本中不同的句子加以考释；五由书法扩及汉字发展的源流研究。在此基础上，顾随先生进而发现章草在中国文字发展史上承前启后的地位。1952年11月1日，先生致信给在西安的卢季韶说："我之写章草，起初完全是养病消遣。后来下过一番工夫，便觉此体乃是中国最早之简笔字。其时在汉朝，有隶无楷，更无后来之所谓草书。（此种草书，在汉字发展史上，称曰今草。）此体继承隶书，后来之楷书、今草、行书皆从此出。此结论看似简单，然而吾家亭林（顾炎武），于明清之际，号称博学，其论书法，亦未曾见及此也。" 此时，顾随先生已完成《章草急就篇斠字》初稿（已佚），开始构思并动手撰写《章草系说》，欲对《急就篇》中每一个字的书写源流作一番系统的考订。信中，他以"其"字为例向季韶介绍："关于'其'字，我作《章草系说》时，曾写了好几百字，抽出来便成一篇短文……章草《急就篇》共二千字，除去极少数之复字，当有一千九百余字。预算《系说》须得廿余万字方能写完。"可惜，这部皇皇巨著（或未完稿）居然未留片纸。这不

顾随致卢季韶书
（1952年11月1日）

仅仅是顾随先生个人学术成果的损失，更为中国文字、书法研究留下莫大的遗憾。

三、"为默老烧香"——学诗

"为默老烧香"，不独书法一义，顾随先生于诗，亦深受沈尹默影响。

顾随先生自幼在父亲教导下背诵唐诗，"一日先君子为举放翁'小楼一夜听春雨，深巷明朝卖杏花'，触磕之下，始有作诗意"[①]。但在三十岁之前，主要精力一直在词的创作上。他在1942年4月2日给弟子滕茂椿的信中说："余于学诗，自十岁起至卅，仍是门外汉。卅以后，从尹默师游，始稍窥门径。近五年来，致力于黄山谷、陈后山、陈简斋、杨诚斋诸家之诗，自谓有得。"又于1952年10月17日致周汝昌信中谈到自己"三十岁后从默师学，始细读江西派诸家之作，于山谷、简斋两家尤多。所得启发，诗格于是一变"。顾随先生生于1897年，"三十"岁时，正是以《无病词》见教于沈尹默的那一年。

1934年秋，顾随先生印行了自己的第一部诗集《苦水诗存》（与《留春词》合为一卷）。收诗86首，始自1922年秋，迄至1933年夏，代表了其前期诗歌创作的风格和成就。诗集的排印形制，仍沿用冯至对《无病词》的设计，扉页题曰："逝水迢迢悲去日，横空冉冉爱痴云"（集中《从今》一首之句），集前有《自叙》，叙学诗作诗的经历及印制诗集的缘由。从诗集的《自叙》来看，顾随先生对自己的诗作不甚满意，但同时强调自己的创作态度是十分严肃的。友人武杕生尝评价先生诗词说"君之

① 1952年9、10月间，顾随手抄诗词数十首寄示周汝昌，并于《自题"竹庵新稿"后》两绝句之下，略述作诗渊源。

诗如他人集中之词，而词则又如他人集中之诗"（《苦水诗存》自叙），意谓顾随先生与旁人正相径庭，他人精心结意为诗，而以余力及词，先生则精心结意为词，而以余力及。顾随先生解释说："其实殊不然也。余作诗时虽不必如老杜之'语不惊人死不休'，亦未尝率意而出，随手而写；去留殿最之际，亦未尝不审慎。"（同前）然对于其弟顾谦的"兄之诗未能跳出前人窠臼"的评价，顾随先生认为"甚切中余病"，坦言："余作词时并无温、韦如何写，欧、晏、苏、辛又如何写之意，而作诗时则去此种境界尚远。少之时最喜剑南，自二十年之春学义山、樊川，学山谷、简斋。惟其学，故未必即能似；即其似，故又终非是也。即此，余亦自知之，然知之外终不能另有所作为，余于是乎绝望，而今而后于诗亦不能放弃之。"（同前）分析找到了自己的"病根"，同时表示要力克其弊。

沈尹默信封墨迹
（1936年）

《苦水诗存》印行之后，顾随先生前去北平寓所拜见沈尹默不遇，乃留诗集而去。沈尹默自沪上返，读过诗集后赋诗一首，并记其事，"廿四年五月至北平，羡季来访，未得相见，留赠《苦水诗存》而去，归来辄题寄一首"，诗曰：

吟君苦水诗，亦自有甘味。温驯出辛酸，平凡蕴奇恣。老驼秀发姿，稳踏千里地。颇与牛羊殊，无复水草意。黄沙莽莽风被天，眯目相见无由缘。江南好花自开落，安得到君尊酒边。

诗以八个五言句首肯弟子的诗作，用四个

七言句记写未得与弟子晤谈的怅恨。一年之后，沈尹默寄函给弟子时还提到这首诗："题《苦水诗存》一首，虽不能佳，然觉得道著些甚么。"（1936年6月9日）其实所"道著"者，无非顾随先生所未曾自道的、技艺之外、人的精神以及诗的品格。

顾随先生三十岁后"始细读江西派诸家之作"，笔者以为殆由于以下两点：一是先生对创作的态度，二则是国运危难的现实。或正基于此二者，顾随先生后期诗作"表现出相当可观之成就"[①]。先生生前仅有《苦水诗存》一卷结集行世，其余未印行者，除《和香奁集》外，连同后来陆续辑得者尚有百余首。先生"传法"弟子叶嘉莹曾著文《谈羡季先生对古典诗歌之教学与创作》，概括先生后期作品的成就：其一，"由于写作之修养日深，遂自拘谨生硬转而为脱略娴熟"。举1947年写给冯至夫妇的那组五言律诗为例："诗中之句，如'涂长叹才短，语罢觉灯明'，'云压疑天矮，雨疏闻地腥'及'人终怜故国，天岂丧斯文'诸联莫不属对娴熟、疏放自然。此种成就之达致，除因其长久写作之修养以外，盖更有对于赠诗之对象之一份故人知己之感，而且自其写诗之时代及诗前之长序所隐约喻示的含意观之，意者先生当日与冯先生夫妇之所'纵谈'者，或不免有涉及当时政局之语，故先生序中乃谓此四章诗，'固非仅识一时之鸿爪而已'。是以其诗句中亦往往于脱略娴熟之声吻中，别含慨慷沉郁之意，这是先生后期诗作之可注意的成就之一。"其二，"先生阅世既久，思致日深，因之乃能将情感与思致及议论互相交融成为一体，如其和陶渊明《饮酒诗》二十首五古，便时时有精警之句，而又极为朴质自然，深得陶诗之意致。如其第五首之'显亦不在朝，隐亦不在山。拄杖街头过，目送行人还。所思长不见，默默亦何言'，第十首之'藐姑射之仙，绰约若有余。苟能得其意，此世良可居'……便都是这一类情思与议论交融、充满精警之意而又写得极为朴质自然的诗句的代表。"其三，"先生写作表

① 叶嘉莹《纪念我的老师清河顾随羡季先生——谈羡季先生对古典诗歌之教学与创作》（《顾随文集》代跋）。

达之力既已臻于极为纯熟之境，故其用心着力之处，已能变生硬为矫健，而尤以七言律诗中之二联对句，最能表现其健举之致，如其《开岁五日得诗四章》中之'高原出水始何日，深谷为陵非一时。故国旌旗长袅袅，小园岁月亦迟迟'与'重阳吹帽识风力，五月披裘非世情。云路还输远征雁，星光自照暗飞萤'诸句，便都能于七律常格之靡弱与江西派之生硬以外别具健举的笔力，是先生后期诗作中之另一点可注意的成就。"

对于顾随先生早期诗作，沈尹默曾评之以"略嫌少生辣味"（1937年致顾随书）。1943年秋，周汝昌将新作《九月十八日怀寄》和《秋风长句见寄》寄奉顾随先生，10月24日，顾随先生复信将此评"移送"弟子，并解释说："大抵异父①为人仁厚有余，苦于狠不上来，老驼②亦正如此。然吾于世路上栽过几次跟头，吃过几回苦子，虽未得大离氏所谓之无生法忍，亦颇略略理会得咬牙工夫，故有时作事作文有类乎狠耳，惟吾异父定知此非欺人之谈也。"由此大略可以看出，先生早期诗之所以或"少生辣味"，一则"关乎秉赋"③，但主要原因在于经历和阅历。因此，与其说顾随先生的诗格一遇沈尹默而有变，毋宁说是在沈尹默的引导下，深沉的家国情怀令其诗歌艺术提高到了一个新的层次。

顾随先生无论于诗于书，都反对固守门户。滕茂椿追随先生学习诗词、书法，看到弟子所作词有所创获，顾随先生不无欣慰地致信勉励，同时道出自己的主张：

> 词虽云效拙体，然甚有思致，较之以前所作，进益多多，可喜也。随手为改定数字寄还，或有助于吾兄之揣摩，亦未可知。拙词不足学，一如拙书。学之而善，已自不成家数；学之而不善，病不滋多乎？苦水之词与字，亦不尽学尹默师。兄当能解此意。（1943年4月11日）

① 周汝昌号异父，或作异甫。

② 顾随一号"驼庵"，故时以"老驼"自署。

③ 1944年7月致周汝昌信中有此语："昔尹默先生评拙作曰，'但少生辣之致'，兹苦水亦拟以此语转送异父。大约此亦关乎秉赋，人定或可胜天，然难言之矣。"

1943年夏与辅仁大学国文系41级部分女生（右二叶嘉莹）于南官坊口寓所房前

自古有"字如其人"、"文如其人"的说法。每个人的性格、气质、禀赋、阅历等等各不相同，不独文与字，凡所作为，都是个人内质的外化，必不可能与他人不二，如果刻意模效他人，无异于邯郸学步，终将使本末全失；而欲求青胜于蓝，必得在继承师学的基础上，自辟一方天地。其实，这种主张在顾随先生是一贯的，1946年7月13日，在致弟子叶嘉莹的信中也说：

> 年来足下听不佞讲文最勤，所得亦最多。然不佞却并不希望足下能为苦水传法弟子而已。假使苦水有法可传，则截至今日，凡所有法，足下已尽得之……不佞之望于足下者，在于不佞法外，别有开发，能自建树，成为南岳下之马祖；而不愿足下成为孔门之曾参也。

顾随先生不惟是个睿智通达的学人，更是一位开明善诱的"师者"！

四、诗书往还

在1942年6月初某日致周汝昌的信中，可以见到顾随先生和沈尹默的六首诗。更为难得的是，沈尹默的原唱条幅墨宝也保存下来。诗为《苓来书感其所言因赋》：

门外黄尘不可除，从来寂寞子云居。北人南望南人北，珍重寥寥一纸书。

尘事今宜断往还，怪君礼数未全删。远游底俟一婚过，逸少陈词直等闲。

三十年来旧讲堂，堂前柳老更难忘。冶花茂草城东路，冒蝶游丝白日长。

坐间麈尾久生尘，放论高谈迹已陈。今日文章循故事，他时毡蜡付何人？

鸠妇呼姑屋角鸣，薄阴张幕雨初成。杏花自作融融色，眼底何人惜此情！

扰扰攘攘百虑煎，莫从清醒恼狂颠。东风又绿池塘草，胜写新诗寄阿连。

题中"釒"字读 xì（细），是"羡季"二字的"反切"，如此亲切有趣的称呼旁所未见。组诗抚今追昔，感慨万端，不胜兄弟知己之情。沈尹默诗中不无忧戚与无奈，顾随先生步韵六首则一一进行宽慰和排解——《有人自蜀中寄来沈尹默师近作六绝句，因和作，却寄家六吉弟》[①]：

春半樊川怨岁除，愁来潘岳赋闲居。情怀似此无多事，剩读西天贝叶书。

潺潺东流去不还，从知少作更须删。荷锄归去衣沾露，莫道渊明只爱闲。

托钵归来又上堂，此心难与世相忘。禅机说到无言处，空里游丝百尺长。

禅月空明息世尘，吾衰已久竟谁陈？当前哀乐尚须遣，论定千秋自有人。

夜半心弦瑟瑟鸣，香消茶冷奈诗成。幽州台上陈伯玉，不尽千秋万古情。

沈尹默书《釒来书感其所言因赋》

① 此据《顾随全集》，六首中字词均与在书信中抄示周汝昌者略有不同。"六吉"即顾谦。

一碗清茶手自煎，当春且莫怨华颠。纵教得句输灵运，无奈吟诗忆惠连。

之京老师回忆说，抗战胜利后，顾随先生将沈尹默先生墨宝装裱起来，时时悬于书室。"文革"中卷轴被抄没，再见时已残破不堪，复经揭裱，庶乎完璧，惟五行中间三行下端略嫌向右倾斜。

又1946年4月17日，沈尹默胞弟沈兼士邀顾随先生到寓赏花，并以其兄所书《山谷次韵子瞻题郭熙画秋山》摄影片相赠。次日，顾随先生"亦次苏黄韵为二诗，既以谢兼丈，且将寄呈默师"（1946年4月18日后致周汝昌书）：

城西群峰如列环，风沙日日阻游山。此际登台一平视，乃在香雪海中间。风止嚣静香益远，梨花未落小桃晚。更无微飙纷落英，尚余残雪压层巘。京洛胡尘历星霜，初蒙招约熙青阳。海棠阅世应更久，明霞掩映发花光。醉酒饱德记此日，人间万事真毫发。不辞我躯非柏松，两公眉寿如金石。

利锥一击破连环，导之泉注顿如山。定武兰亭非真迹，已觉身在永和间。右军风韵既不远，后生千载亦不晚。欲往从之恨未由，隔绝层波复绝巘。百尺古松耐风霜，石田小筑江之阳。南极一星长在眼，辉辉万丈吐清光。忆昔杖履追随日，剖示精义析毫发。由来说法有生公，点头我乃逊顽石。

前首流露出胜利之后的灿烂心情，不无对沈兼士的赞美之意（沈兼士在抗战期间积极投身抗日活动，详下节）。后首则盛赞沈尹默的书法造诣，感念其对自己的教诲之恩。

顾随先生还曾作有《追和尹默师十六年所作春归杂感诗》十首。沈

尹默原诗作于1927年，顾随先生和作乃在1942年，诗前有赋体长序，曰：
"深夜无眠，挑灯独坐，易感孤怀，更滋永叹。问人间以何世，谅天意之
如斯。呜呼！万方一概，八表同昏。李将军之身羁塞北，道别河梁；庾开
府之赋哀江南，游心故土。前修往矣，来日大难，不有忧生，何来短什。
步韵老辞，砌句成篇。香草美人，未堪上托于灵均；破国春城，枉具共鸣
于工部云尔。" 此时，顾随先生羁身北平，沈尹默则远在重庆，国难当
前，师生遥隔，重读旧诗，别样情怀，其十"溅泪凭花为感时，与春又作
隔年期。南天路远愁无尽，肠断春归杂感诗"，充分展现了顾随先生心系
国步、牵挂恩师的百转愁肠。

顾随先生在致周汝昌的书信中，经常谈论起沈尹默的诗歌、书法，

顾随《秋明室杂诗》题记　　　　　　　　　　影印本《秋明室杂诗》

如1942年6月某日信中说："惜不得令兄见小斋所藏默师书，其精者直入晋唐诸贤之室，下者犹当高揖董玄宰、文徵明辈也。"1947年初冬一日信中道："今日得见默师《哭弟》七律二章，亦以疲故，不能抄奉，且俟下函。"如是等等。在这些宝贵的书信当中，不仅保存了顾随先生与沈尹默的一些遗诗佚句，也令后人得窥两位先生深厚的师生情谊。

1952年，沈尹默在上海影印出版了《秋明室杂诗》及《秋明长短句》，合为一册。适逢冯至到沪上探望，沈尹默遂托冯至携一册回京赠与顾随先生。当时顾随先生大病初起，医嘱不得作诗填词，以免劳神，顾随先生获此赠书，在封面上题道，"默师以此册见贻，由君培转来，惜不能以韵语记之"，欣慰之情、怅恨之意俱见字中。

在之京老师手中，还珍藏有沈尹默先生的一些墨宝，包括手札八通、题签七帧、条幅册页数种。

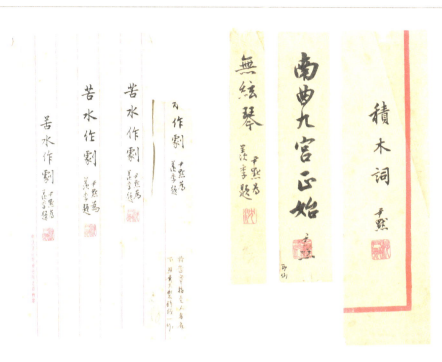

沈尹默"苦水作剧"题签四帧　　　　　　　　　　沈尹默题签三种

顾随著作数种

《苦水作剧》印行于1936年冬，收录顾随先生剧作《再出家》、《祝英台》、《马郎妇》三种，附录《飞将军》一种，依然采用了一贯的装帧形式。素面，首页是沈尹默题签。现存"苦水作剧"题签墨迹四帧，出版时乃择其一用之。另有"积木词"、"无弦琴"、"南曲九宫正始"题签三帧，可惜此著作三种于顾随先生在世时均未印行。其中"积木词"原集1935至1936年间词作一百五十三首，全稿已佚，今仅辑得自序、卷尾诗六首、俞平伯序，及叶嘉莹先生当年据手稿转抄词作四十九首。"无弦琴"和"南曲九宫正始"两稿皆没而不存。

　　上世纪30年代末，应顾随先生之请，沈尹默还曾自渝寄行书、楷书册页两种，计有十四页，行书自作古近体诗二十五首、词二首，寸楷《书吴无至笔》及《书侍其瑛笔》二文，保存完好，弥足珍贵。

沈尹默书信集册

沈尹默致顾随书信墨迹

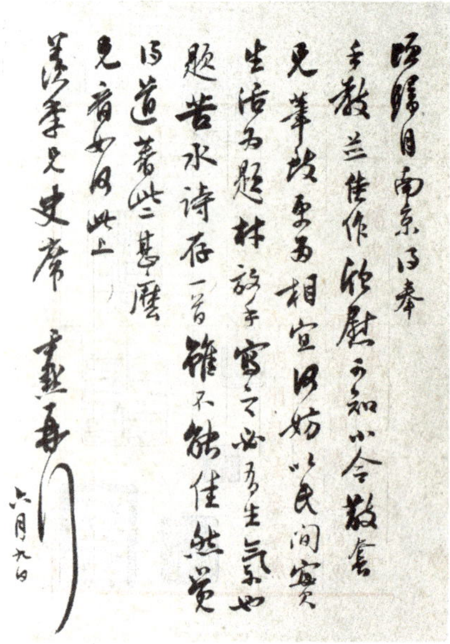

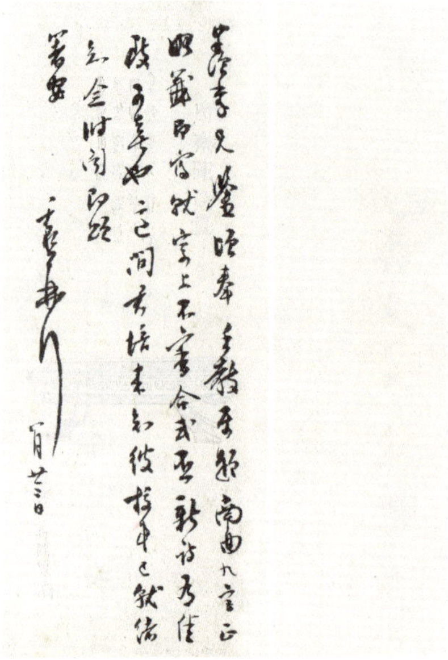

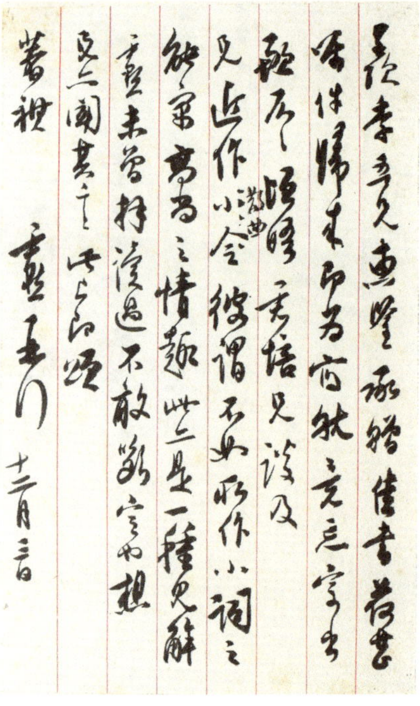

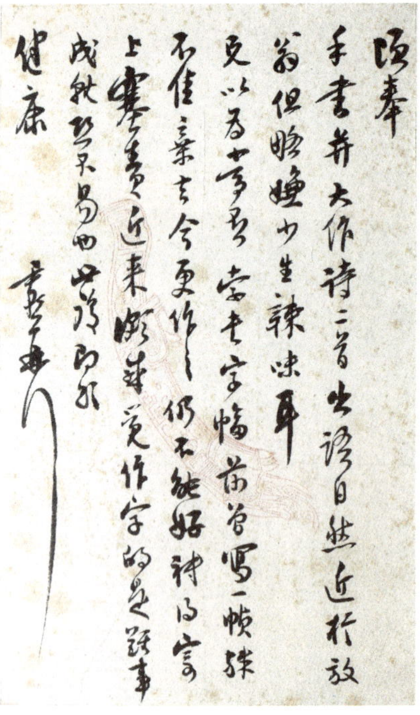

中法文化交际出版委员会監製

尹默吾兄左右　顷奉

手书并为尊处鉴今日写就字

览不审合用否来书以披公为喻

愧怍～新来者亦大西强四十五街

九隔市署尚未要始末已安心读书

作字仍每清日颂

著祺　村论好尽一年语择用之此不其佳

顾随再

三月五日

附录：沈尹默致顾随书八通

一、1927年8月23日

日前由君培兄处得大著《无病词》一册，顷又奉手示，忻忻无似。我词辛苦得来，仍余辛苦之迹，不若君词手笔，差多自然清丽处，读之令人辄生空谷足音之感。此秘时流那得知？还与君秘之耳。何时晤对，深所企幸。此复。即颂

著祺

尹默拜启 八月二十三日

二、1936年5月30日

羡季兄惠鉴：

久未通候，时以为念。前岁归来，且为兄题苦水集古诗一首，拟写一帧寄奉，竟未得也，如何如何，暇当为之。"积木词"签写得，觉不好看，然亦无法，只好塞责也。"和花间词"甚有意思，亦如我近年来专意临摹晋唐人名迹，虽然多少没却自家面目，但暗中仍是进展向自家新辟的一途径去，兄当了此意耳。此复。即颂

撰祺

尹默再拜 五月卅日

三、1936年6月

廿四年五月至北平，羡季来访，未得相见，留赠《苦水诗存》而去，归来辄题寄一首：

吟君苦水诗，亦自有甘味。温驯出辛酸，平凡蕴奇恣。老驼秀发姿，稳踏千里地。颇与牛羊殊，无复水草意。黄沙莽莽风被天，眯目相见无由缘。江南好花自开落，安得到君尊酒边。

尹默

右稿阁置经年，未以相闻，近得羡季书以"和花间集"作见

示，始检奉，疏懒可笑也。

四、1936年6月9日

顷归自南京，得奉手教并佳作，欣慰可知。小令、散套，兄笔致更为相宜，何妨以民间实生活为题材放手写之？必有生气也。题《苦水诗存》一首，虽不能佳，然觉得道著些甚么，兄看如何？此上羡季兄史席

羡季兄史席

尹默再拜 六月九日

五、1936年8月23日

羡季兄鉴：

顷奉手教，属题"南曲九宫正始"签，即写就寄上，不审合式否。新诗有佳致，可喜也。适间君培来，知彼校事已就绪，知念附闻。即颂

著安

尹默再拜 八月廿三日

六、1936年12月3日

羡季吾兄惠鉴：

承赠佳书，荷甚。嘱件归来即为写就，竟忘寄出，歉仄歉仄。顷晤君培兄，谈及兄近作散曲，彼谓不如所作小词之能寓高尚之情趣。此亦是一种见解，尹默未曾拜读过，不敢断定也。想兄亦闻其言。此上。即颂

著祺

尹默再拜 十二月三日

七、1937年

顷奉手书并大作诗二首，出语自然，近于放翁，但略嫌少生辣

味耳。兄以为当否？索书字幅前曾写一帧，殊不佳，弃去，今更作之，仍不能好，只得寄上塞责。近来颇感觉作字的是难事，成就恐不易也。此复。即颂

健康

尹默再拜

八、1937年3月15日

羡季吾兄左右：

顷奉手书，嘱为尊著题签，今日写就寄览，不审合用否。来书以坡公为喻，愧悚愧悚。新来移居大西路四十五街九号，布署尚未妥帖，未得安心读书作字也。匆复。即颂

著祺

尹默再拜 三月十五日

附陈题签一纸，请择用之。皆不甚佳也。又及。

顾随与沈兼士

沈尹默兄弟共三人，尹默行二，兄士远，弟兼士。昆仲尝同躆北大，各有建树，号为"三沈"。

沈兼士

沈兼士（1887~1947）是顾随先生尊敬的师长之一。在顾随先生看来，沈兼士是位出色的"具有办事的心与力的学者"，他的小学"并世无两"，且有着令人佩服的"热心和毅力"。顾随先生曾著文（《诗三首——沈兼士先生安葬纪念》，全文见附录）说："先生生前，时时刻刻关心于我的学业、身体，甚而至于生计，每见必谆谆垂问，且每每代为筹画。"而沈兼士同顾随先生在一起，却似乎更喜欢交流文学的话题。顾随先生留有下面一段形象的描述：

抗战初期，先生住沙滩，而我移居于弓弦胡同，住址较近，其时我方有意研究元剧中之方言，便常到先生的寓所请教训诂音韵的问题。先生却总是同我谈诗，要我的作品看；而且先生每有所作，也一定写给我。于是我从先生的言谈同作品里发现了先生的文学的天才是被他的小学的工夫所掩抑下去了的。否则先生的诗是可与尹默师齐肩的。有一次，我居然向先生说："先生如不治小学，一定以诗人名。而我呢，倘早从先生受教，于音韵训诂方面，也一定能有所成就。"先生微笑着，摇摇头。

1939年8月，沈尹默自蜀寄诗九纸，顾随先生将之装裱成册，呈与沈兼士并索跋文。9月3日，沈兼士回报一纸，手抄了两首诗，一首是沈尹默的新作《读杜老夕烽诗有感》，另一首是他自己的《羡季和余寄兄诗并示近作奉答一首》，诗中这样评价顾随先生：

1939年与家人
于牛排子胡同三
号寓所

吾爱顾夫子，萧然物外身。诗书含道气，风雨话情亲。白眼看时士，赤心接古人。平生寥落意，于此赏音真。

抗战开始后，沈兼士滞留北平，与辅大同人英千里、张怀、董洗凡等秘密组织"炎社"（取顾炎武的"炎"字，以示抗日），不久扩大组织，改为"华北文教协会"，其宗旨是：一方面以消极不屈服不合作的态度对付日本人；另一方面则积极发扬民族精神，号召文教界人士参加沦陷区的抗战活动。1941年，华北文协征集仁人志士的文章，编辑出版了《辛巳文录（初集）》[①]，其中便有顾随先生的剧作《馋秀才》。

《馋秀才》是顾随先生"1933年冬间开始练习剧作时所写。当时只成曲词两折，便因事搁笔"（《馋秀才》自跋）。然而时过八年，1941年

① 据葛信益《记恩师兼士先生抗日爱国的无畏精神》（收入《沈兼士先生诞生一百周年纪念论文集》，紫禁城出版社1990年版）。

沈兼士诗稿墨迹

10月的一天，顾随先生竟以一夕之功，将此旧作整理成稿，交与《辛巳文录》付排，个中情由，我们若将剧作中的馋秀才与顾随先生的性情、处境两相对照便见分晓。剧中主人公馋秀才是位烹调的高手，但他宁肯潦倒到喝"白粥"、住僧舍、教村学，也不为每月十两白银去伺候县太爷；七七事变以后，顾随先生由于家累不得与师友同赴大后方，但只在燕京、辅仁、中国等教会与私立大学任教，尽管家庭生活日益拮据，也绝不接受用敌伪津贴办学的北京大学的聘任。

《馋秀才》一剧，情节单纯而风趣，曲词通俗而蕴深。剧中有这样两支曲子：

1941年11月摄
于北平

[倘秀才]又不会成群结党，又不会掂斤拨两，那奔走钻营也并非所长。既不能赔笑脸，又不肯唱花腔，凭甚么论功邀赏？

[滚绣球]我若是拿得动刀，我若是抡得动枪，到得那两军阵上，我也去入伍吃粮。恨老天，怨彼苍，不给我力量，只生来赋与清狂。倒垂金盏悲还壮，碎地胡琴慨以慷，空辜负一貌堂堂。

两支曲子流露出顾随先生不能杀敌报国的苦衷，也表现出他拒不靦颜事敌的堂堂正气。顾随先生以笔为枪，抒发山河之痛、家国之情的作品还

顾随与沈兼士　　**89**

沈兼士题签《苦水作剧三种》

① 事据葛信益《记恩师兼士先生抗日爱国的无畏精神》及《深切怀念顾羡季先生》（收入《顾随先生百年诞辰纪念文集》）。

有很多，在此且不详说。

华北文教协会的地下活动终为日伪觉察，1942年12月16日，沈兼士被迫潜出北平，辗转去了重庆。12月30日凌晨，日本军宪到沈宅抓人扑了空，便留下几个特务"蹲坑"，为防止走漏消息，来人只许进不许出。1943年元旦，顾随先生与辅仁另两位教授先后去沈家拜年，被扣留长达十余天，待敌特确知沈兼士已离开北平，三位教授才被放回家①。沈尹默得知此事后，特为作诗一首，并书为条幅。之京老师尚记得此条幅曾挂于父亲书房壁间，开头几个字是"闻羡季被系狱中为……"，该是诗题，内容却记不起来了。后来条幅在"文革"中被抄走，不知下落。

在后方的沈兼士与顾随先生保持着通信联系。今存顾随先生《和兼士先生愁坐用少陵九日曲江韵》一首，诗曰：

> 试把茱萸看，先生正未衰。萧条时极目，摇落更生悲。宏道迹近拙，与仁心莫疑。等身留著作，千载已相期。

沈兼士的弟子葛信益等在纪念文章中提到，沈兼士离平后有"入蜀杂诗"近二十首，其中一首有小序云："去岁由贼中违难入蜀，自冬徂夏，家讯渺然。会有客从北平来，将余女君健近画雪景一帧，报平安，谓敌卒时至家中诇刺余踪迹，属勿寄书，恐为所持，且言河朔民穷食匮，人怀偕亡之志，慨然有作。"诗曰：

① 诗见马英林《邪正古来观大节，是非死后有公言》（收入《沈兼士先生诞生一百周年纪念论文集》）。

> 尽室羁穷域，孤征念老身。千山劳物役，一纸慰情亲。战地诛求急，胡天雨雪频。转蓬聊忍性，生意待来春。

文章未及诗题，不能确定此诗是否顾随先生和诗的原唱，但这一唱一和所传达的家国情怀却是相吻合的。而顾随先生和诗用杜甫诗韵，其心所寓不言自明。其后，1944年，沈兼士又有诗云："去年病卧长安客，今日淹留蜀水滨。取次中秋到重九，生憎雨久盼清新。且浇垒块高楼酒，苦忆情亲绝塞人。引领官军收蓟北，放歌燕市荡胡尘。"①径以《九日用少陵韵》为题，抒发身在他乡，怀念故园、亲人和渴望破敌复土的炽烈情感。

1945年抗战胜利后，沈兼士奉重庆教育部之命，回到北平接收敌伪文教机关。1946年4月17日，沈兼士邀顾随先生至其东昌胡同寓中饮酒看花，并赠以沈尹默所书《山谷次韵子瞻题郭熙画秋山》摄影片。去日苦多，今非昔比，顾随先生由衷叹道："八九年来殆未尝有

1943夏于南官坊口寓所

1947年夏与家
人于南官坊口寓
所住室前

② 1947年12月2
日，顾随在给周
汝昌的信中提到
"上周又写一篇
小文，纪念兼士
三丈之安葬"，
"此文已为友人
留下，预备发表
在《大公报》星
期文艺上矣"。
又据冯至夫人姚
可崑所著《我与
冯至》书中所
载，1947年初，
沈从文把编辑
《大公报·星期
文艺》的工作让
给冯至。冯至从
1947年4月6日的
第二十六期编到
1948年9月的第
一百期。

③ 观儿，沈兼士
长子沈观。

此意趣。"①

　　然而，时隔未久，1947年8月2日，沈兼士便在家中突发脑溢血不幸逝世。

　　辅仁大学曾在沈兼士逝世后油印过一种《挽诔录存》，录数十挽联、唁电和祭文。笔者在网上得见一张内文图片，其中恰有顾随先生所写的挽联，可惜图片太小，只能模糊地辨别出个别字词，不能缀合成句，但上款中的"兼士三丈大人"和下款中的"顾随顿首再拜"还是可以确认的。

　　1947年11月，兼士先生下葬在京郊翠微山麓，顾随先生随即写下长逾三千字的《诗三首——沈兼士先生安葬纪念》②。文中，顾随先生以其特有的对诗的超凡的感悟，通过三首诗——沈兼士的一首"哭观儿"③和沈尹默的两首"哭弟"——以对这三首诗的解读，比较了兄弟二人的不同性格。顾随先生认为，沈尹默是诗人，在生活上有着诗的修养，能够支配自己的情感；而沈兼士是学者，"而且是具有办事的热心与毅力的学者，他有着他的彻头彻尾的执着性。他是不能也并不肯从情感里解放出自己来的人"。即将结束，文章写道：

自先生作古以后，我时常想：假使先生的爱子不死，或者先生不那么富于执着性，而能一如默师似地将自己从情感里解放出来，则他的寿限将不止于六十有一。

其实，虽然如此说，但顾随先生一定知道，有了这样的"执着"，沈兼士才成其为沈兼士，也正是因为失去的是这样一位师长，顾随先生才会如此倍感痛惜。

刊于1947年12月7日天津《大公报》"星期文艺"之《诗三首——沈兼士先生安葬纪念》

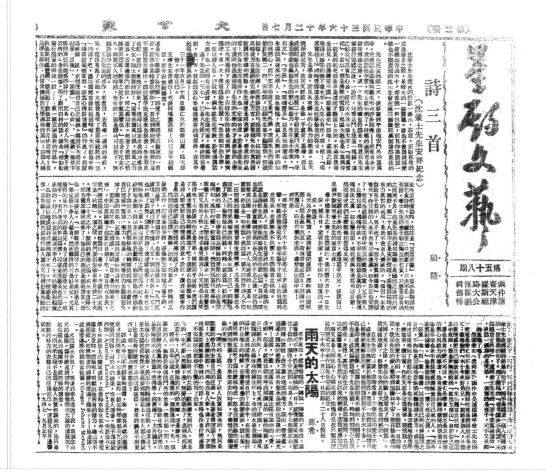

附录一：沈兼士致顾随书一通

羡季尊兄大鉴：

辅大国文系主任余季豫先生拟浼先生为本校届毕业考试校外委员，嘱为先容，余公日内即当走谒面谭也。此请

撰安

弟沈兼士启

五月廿六日

附录二：顾随《诗三首——沈兼士先生安葬纪念》

沈兼士先生逝世的消息一传出，在我，正如在我的其他师友之间，是晴天的一个霹雳。谁也不会想到那么一位虽然年过六十，却并无一根白发，而且作事谈话一点也不显衰颓的沈先生会在两三个钟头里面溘然长往的。

先生死去的第二天，便移灵到平市地安门外的嘉兴寺。我曾经去过那个庙里吊过许多回丧——究竟有多少回，我的记性平常，可是数不清了。停灵的处所老是佛殿后那座北房。这一次先生的灵也仍然是。待我在先生灵前行完礼之后，一抬头，却看见门上挂着一块匾，这之前我可没有留心过，径尺大小的四个大字："现真实相。"当然，那是佛家的习语；那匾大概也是和嘉兴寺一般长的历史而并非是这回才悬挂上去的。不过在我却是初见，仿佛禅宗所谓"筑着磕着"似地，悲痛之余，觉得有如兜头浇下凉水来。人生必有死，咳，咳！"现真实相！"同时觉得这是先生死后给我的启示。

先生是学者，而且具有办事的心与力的学者。北大国学研究所，故宫文献馆，是他一手奠定了基础，而且成绩昭彰在人耳目的，据说二十年前在厦门大学时，便是鲁迅翁也佩服先生的热心和

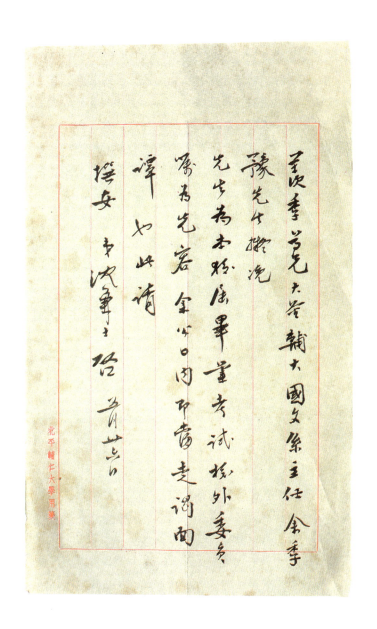

羨季吾兄大鑒 輔大國文系主任余季

豫先生辭瓞

先生為本糸屆畢業考試校外委員

屢為先容 余於日內即當走謁面

譚 此請

撰安 弟沈尹默 拜 八月廿六日

沈兼士致顧隨書

毅力。先生是小学家，"右文"、"字族"、"广韵声系"以及其他的著述，将永远沾溉后来的学人。说也惭愧，我个人是无办事的能力与热心，而于文字学则又是门外汉。我同先生的过从始于民国二十四五年间，以前先生并不认识我。抗战初期，先生住沙滩，而我移居于弓弦胡同，住址较近，其时我方有意研究元剧中之方言，便常到先生的寓所请教训诂音韵的问题。先生却总是同我谈诗，要我的作品看；而且先生每有所作，也一定写给我。于是我从先生的言谈同作品里发现了先生的文学的天才是被他的小学的工夫所掩抑下去了的。否则先生的诗是可与尹默师齐肩的。有一次，我居然向先生说："先生如不治小学，一定以诗人名。而我呢，倘早从先生受教，于音韵训诂方面，也一定能有所成就。"先生微笑着，摇摇头。

过了先生的"三七"，已是八月底了，学校仍在暑假，有一天，我忽然发心要整理积存的旧信件，在其中发现了一张素诗笺：

三十一年五月二十四日葬亡儿于翠微山麓，临穴悲怆，不能自已。

乱离生意伤衰白，老泪何堪洒墓墟！回首卅年勤顾复，而今寂寞对楹书。

这是先生埋葬了他的惟一的爱子之后亲手写给我的一首诗。记得我当时曾依韵和了一首送到学校里。那拙作是不值得于此举出。然而葛孚民兄后来告诉我：先生看见我那一首诗，竟流下泪来了。我却以为并非我的诗感动了先生。陆士衡说的好："落叶俟微风以陨，而风之力盖寡。孟尝遭雍门而泣，琴之感以末。何者？欲陨之叶无所假烈风；将坠之泣不足繁哀响也。"在爱子死去不久，埋葬不久的时节，先生的热泪是随时可以流下，无关于拙作之好坏。

至于先生的原作，老实说，在我刚一读到的时候，并不觉得有甚了不起。大概我是受了旧底传统底诗"法"的毒了吧，总以为那首诗干枯而喑哑，大不似他平时"轮囷胆气惟宜酒，寂寞心情好著书"的作风了。但读过两遍之后，立刻觉察到自己之错误。那诗不是寻常堆砌著"泪流"、"肠断"、"心碎"、"魂销"那些字样的肤泛的伤感的篇什，而是一位老人失掉了爱子后至情的本身在发响。用了厨川白村的话，便是"宛如给磐石挡着的奔流一般……取一种迂回曲折的行路"，教他从何处丰润、响亮起？教他怎会不干枯而喑哑？我是学文学的，但常常怀疑于文学表现的万能，以为人到至性至情冲动时，往往是"言语道尽"。鲁迅翁说陶渊明写乞食诗时，大概醺然有点儿酒意了，这决不是一句挖苦话。兼士先生的丧子较之陶公的乞食，其愁苦当有过之而无不及；但是先生的诗却断断不是醺然之后写出来的。那么，那二十八个字正是夜深灯暗，泪尽眼枯时的有力真实的表现，是决不会有人怀疑的。"楹书"本是留给儿子看的，儿子死了，"而今寂寞对楹书"，我愿普天下作父亲的人永不再有这种遭遇。如今先生也安葬了，而且也就葬在先生诗中所谓的翠微山麓。父子两人，丘壑相望，魂魄相依。不过丘壑相望是真的；倘使魂魄相依之真一如丘壑相望，则死者与生者都可以自慰；然而这使我们怎么能够相信得及呢？

在安葬前不多的些日子，感谢葛孚民兄，使我得以见到尹默师哭兼士先生的两首七律：

暑中闻兼士之丧，泫然赋此。弟旧历六月
十一日生辰。越五日，宴客于家，宴中疾作，即
溘然长逝矣。伤哉！

炎天旦夕几风雷，过雨轩窗闭复开。酒畔偶然闻快语，人间是处有沉哀。荷塘香散花随水，荆树枝摧叶覆苔。白日看云眠未得，虚期

北使望中来！

再哭弟

一朝散手若为情？六十年来好弟兄！更使后生思老辈，却缘清德著能名。他年识字才余种，此日为邦苦用兵。老泪无多不供洒，木然翘首立秋晴。

默师是诗人，在生活上有著诗的修养；于是他的生活就是诗底生活，而他的整个生活也就成为一首诗。这也就是为什么当听到爱弟不在人间的消息之后，而仍然能够写出第一首七律的原故。诗人是敏感的：这是一句实话，但也是一句老话。我以为一个大的抒情诗人不能一任情感的冲动，而需要能支配情感，尤其是需要把小我从一己的情感里解放出来：于是他写了自己，同时也写了别人；他说他自己的话，同时也就成为一般的喉舌。默师的第一首七律是为哀悼他的爱弟而作的；但是开端四句，风雷作辍，轩窗开闭，快语与沉哀往来乘除，说尽了人世和人生之变化转移；使读者一面既有所警惕，一面又有所了悟。这何必是哭弟诗？但又何必不是哭弟诗呢？至于后四句之是哭弟，则无需乎说明。我们读了，或者觉得他太轻描淡写了吧？这理由也很简单：就是诗人能支配自己的情感的原故。于此，读者须体会作者是怎样地把悲伤的情绪升华得成了诗。

然而把自己从情感里解放出来，却并非一件轻而易举的工作。即使是杜少陵，凭他无论如何地力举千钧，笔回万牛，到了这个场合，也并不容易成功。"入门闻号啕，幼子饥已卒。所愧为人父，无食致夭折！"工部也只顾了写情，忘记了写诗。我这样地说了，对老杜并无丝毫不敬之意。倘说这正是老杜之所以为老杜，我也绝对地承认。但这并非所论于默师，他要把他的情感诗化了才写出来的。我们能怪他的轻描淡写吗？老实说，我反而感到默师之吃力，他是用了何等的力量压抑着失掉了嫡亲的弟弟的哀伤而写出这后四句诗来的啊！

至于《再哭弟》之写成，与前一首"暑中闻兼士之丧"，中间想隔离了相当的日期了吧。这日期有多长，我们无从揣知。但前首标题曰"暑中"，而后篇的末两字是"秋晴"，这之间，我们就假定他有半月或二十天。这半月二十天之中，默师的丧弟之痛，不但未曾降低，而且愈加浓厚起来了：他自己的诗就是个明证见。看他一开端便是："一朝散手若为情？六十年来好弟兄！"弟兄差不多人人都有，然而难得的却是好弟兄，尤其难得的是六十年的好弟兄。有了这样的好弟兄而"一朝散手"，不只身经的无以为情，即使是旁观者也代为之感伤的。诗人的悲哀是经过这半月二十天的郁积和酝酿，瓜熟蒂落似地成为诗而滚到笔下来了。这情感是已经像一个调驯了的骏马似地恰如人意而又恰到好处地驰骋着了，这之下，三四、五六两联是哭弟，是一位诗人哭兼士先生那样的弟弟的句子，而不是随便一个人哭随便的一位弟弟的句子。到了结尾的"老泪无多不供洒，木然翘首立秋晴"，这同兼士先生的"而今寂寞对楹书"，虽然一个写的是哭弟，一个写的是丧子，可不又是同一的意境了吗？

然而兼丈（我向来于函件中是这样称呼兼士先生的）究竟是兼丈而不是默师；而默师究竟是默师而不是兼丈；虽则他们"六十年来好弟兄"。默师是诗人，他能以从情感把自己解放出来。"木然翘首立秋晴"，倘若异中取同，说是与陶渊明的"悠然见南山"有相似之处，想也没有什么不可以。兼丈是学者，而且是具有办事的热心与毅力的学者，他有着他的彻头彻尾的执着性。他是不能也并不肯从情感里解放出自己来的人。"而今寂寞对楹书"，他是从他的唯一爱子死去之后，一直地"寂寞"地"对"着"楹书"以至于自己的死神临头之日的，不拘他是怎样地从沦陷区辗转到大后方，或是胜利后重复飞回了故都的北平；也不拘他是怎样地治着学，办着事，读着书，作着文或是会着宾客，谈着话。在兼士先生的爱子的病一年重似一年，一日深似一日的时节，我在先生的脸上觉察到烦躁和不安；而在他永远地失掉了儿子之后，我在他的脸上就看见了那"寂寞"。我这样地说了，料想先生的友好大概也有同感的。

自先生作古以后，我时常想：假使先生的爱子不死，或者先生不那么富于执着性，而能一如默师似地将自己从情感里解放出来，则他的寿限将不止于六十有一。但是即使我这幼稚、荒谬的想头是不错的，此刻说了，不也是还成其为废话吗？先生生前，时时刻刻关心于我的学业，身体，甚而至于生计，每见必谆谆垂问，且每每代为筹画。先生自然不预计我的酬报。若说感恩知己，则又本是人同此心，心同此理；惭愧的是我只能写这样的恶劣文字来作为先生安葬的纪念。

三十六年十一月二十一日写起，二十八日脱稿。

（录自1947年12月7日之天津《大公报》"星期文艺"）

顾随与周作人

周作人（1885~1967）于1917年9月应聘北京大学文科教授。同年夏，顾随先生结束北洋大学英文预科的学习转入北京大学英文系。自那时起，二人确立了师生之份，而真正往来则在1929年顾随先生任教燕京大学之后。

一、"苦水"和"二知堂"

周作人

周作人常号"知堂"，顾随先生有"二知堂"之署；顾随先生以"苦水"为号，周作人有"苦茶"、"苦雨"斋名，其间相近似处，不可不谓为一种默契的巧合。

顾随先生早年以词最为擅场，继1928年的《无病词》和1928年的《味辛词》之后，1930年至1944年春，又先后辑印了《荒原词》、《留春词》（与《苦水诗存》合为一卷）、《霰集词》、《濡露词》等四种词集。周汝昌先生回忆说，那时北平的文人学子，无人不知"苦水词人"名气。至于他为何自署"苦水"，周汝昌先生"揣度"，这和燕京大学有关联："燕大的文件皆是中英文并列，于是先生的名字便写作Ku Sui（旧拼法，不作Gu Shui）。这个发音就很像'苦水'了。"[①]周汝昌先生说："先生是够苦的，他家口多，薪水薄，生活清苦。为了养家，须在几个高校兼课，奔走不停。"这些固然都是事实，而"苦水"的真正用意其实并不在此。

顾随先生自幼体弱多病，一生受累于各种病痛，俗言"良药苦口利于病"，"苦水"其实就是药汤。其1938年所作《二月九日开春第一次出

① 周汝昌著《红楼无限情》之《苦水词人》，北京十月文艺出版社2005年3月版，第252页。

城到西郊意中忽忽不乐即事赋长句》有曰："十年苦水为名号，人或不喜己爱好。苦水是药病所须，我生多病非寄傲。药是苦水旧曾闻，药是苦口古所云。卿用卿法我作我，可怜不堪持赠君。"诗中明白说出：一，"苦水"之号在1928年前后开始使用。检索顾随先生遗文，"苦水"二字最早见于1930年2月13日致卢伯屏信中："弟在琉璃厂西门内同古堂所刻之图章二方，一为'葛思'，一为'苦水'，价六元八毛，祈兄取来为祷。"时间与诗中所说"十年"之前1928大致吻合。二，"苦水"本是治病的中草药汤。早年顾随先生还曾有笔名"葛茅"，"葛"和"茅"均是多年生草本植物，均可入药；先生还曾署以"去病"，显然也包含了摆脱病苦的愿望。

① 周作人著《看云集》，北京开明出版社1992年版，第Ⅱ页。

关于"知堂"，周作人《知堂说》云："孔子曰，知之为知之，不知为不知，是知也。荀子曰，言而当，知也；默而当，亦知也。此言甚妙，以名吾堂。昔杨伯起不受暮夜赠金，有四知之语，后人钦其高节，以为堂名，由来旧矣。吾堂后起，或当作新四知堂耳。虽然，孔荀二君生于周季，不新矣，且知亦不必以四限之，因截取其半，名曰知堂云尔。"①

今存顾随先生手书《〈二知堂诗草〉自序》云："堂以二知名者何？劳生草草，自有此身以迄于今，新法计之五十之年恰为始满，旧法计之，则又方过。孔子五十而知天命，蘧伯玉行年五十而知四十九年之非，二知云者，命与非之是知焉耳。命既在天，太远，则知之非易；非虽在己，太切，则知之

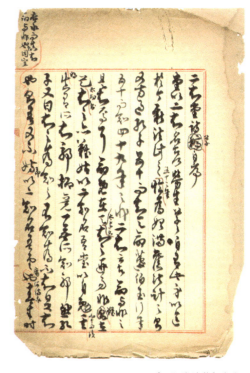

《二知堂诗草》自序

亦难，姑以二知名吾堂以自勉。而今而后其将真有所知耶，抑竟一无所知耶？然孔子又曰：知之为知之，不知为不知，是知也。苦水而真知命与非也者，固宜即以二知名吾堂。""二知堂"较之"知堂"，多了一层"自省"的涵义。

二、走进"苦雨斋"

顾随先生入京后，即与周作人有了较密切的往来。

① 顾随弟子张恩芑的胞姐是周作人长子周丰一的夫人。1997年，张恩芑与姐姐在整理周作人遗物时，意外发现顾随致周作人信函数通，随即将复印件交与顾随三女之惠。

1929年11月20日，周作人的女儿若子病故，顾随先生曾致信吊唁。12月3日，周作人复信，笺上印朱色阳文"若子纪念"印章，信中说："年逾不惑，不愿因此影响于思想及工作，日日以此警惕，此则颇可以告慰者也。"对此，顾随先生感慨道："可见此老秉性，亦颇刚毅，惟不似鲁迅先生之泼辣耳。"（同日致卢伯屏书）

1934年，顾随先生辑印《苦水诗存》与《留春词》合集，周作人为之题签，两帧题签下都署有"知堂题"三字。

《苦水诗存》题签

周作人致顾随先生书信皆已亡佚，顾随先生致周作人书有八通尚存①，书中，除通报些杂事外，常道及诗文：

1933年9月23日书附《〔大石调〕青杏子·新秋坐雨》散套四首，云："老师来书问诗思如何，另纸抄呈近作散套，博老师一笑。诗思殊不旺盛，但贪心不死，颇思硬作而已，则又真堪笑也。"这一套《〔大石调〕青杏子》可能是顾随先生正式习作南北曲的开始。

10月2日，顾随先生即于信中向老师汇报自己的"五年计画"："弟子刻下正致力于富有蒜酪风味之元曲，居士①之作，幽秀芊绵，精心研读，须俟诸异日耳。弟子已下决心作五年计画，诗词散文暂行搁置，专攻南北曲，由小令而散套而杂剧而传奇，成败虽未可逆睹，但得束缚心力，不使外溢，便算得弟子坐禅工夫也。又上次与吾师信中明言贪心不死，此四字是切实供状。弟子自幼即喜东涂西抹，不意四年来，笔墨生疏，非不想写，但写不出耳。每一念及，便复怅恨不已。今兹有此路可走，大似落水人抓得一茎草，极思藉以攀援而出，即不，亦可令惶惧之心得片时轻松也。"

1935年7月22日书附《病中不寐口占》二首求正。

某年某月②26日："比来写字之余，时时为小诗自遣，兹拣录一章请正。"

顾随先生与周作人的交往记录，除书信中所及者外，1930年6月16日致卢伯屏信中提到在其住处留下便条，告以："那边桌上的药，是与纫勤③君带来的。又书一包，带与周启老的。须待下次晋城，再分头送去。"又于1929年12月3日与卢伯屏信中，记录了自己与周作人一同在马季明④家午餐的情形，其中对于钱玄同的描述，尤有生趣：

马季明邀弟同启明至其家午餐。进门方坐定，疑古玄同先生即闯然而入。季明介弟与之一点头后，疑古先生即打开话闸子。蓝青官话说得又急又快，加之弟又重听，十才可懂得五六。于是吃饭，饭后漱口，吃茶，这之间，此老并不曾住口。不独弟无从插嘴，即健谈如马、周，亦难得换言之机会。

① 施蛰存。

② 此信年、月份不详，据张恩芑称当系1936至1940年间。

③ 刘纫勤，顾随在天津女师任教时的学生，时居北平。

④ 时任燕京大学国文系主任。

顾随致周作人书信封（1936年7月29日）

顾随致周作人书
（1933年10月2日）

顾随致周作人诗
稿（1935年7月
22日）

上课时间到，弟又伴三人同出，路上玄同的话亦未曾间断。且与季明科诨打趣。弟午后无课，至办公楼前即作别而归。路上自思：玄同健谈如此，乃闻其上课必迟至廿分钟始到堂，真不可解。

1951年2月11日的上海《亦报》刊登了周作人（署名十山）的一则题为《猪头肉——饭后随笔》的小文，内容如下：

　　小时候在摊上用几个钱买猪头肉，白切薄片，放在干荷叶上，微微洒点盐，空口吃也好，夹在烧饼里最是相宜，胜过北方的酱肘子。江浙人民过年必买猪头祭神，但城里人家多用长方猪肉，屠家的专名是元宝肉，大概因为新年置办酒席，需用肉多的缘故，所以在家里就吃不到猪头。北京市上售卖的很多，但是我吃过一回最好的猪头肉，却是在一个朋友家里。他是山东清河县人氏，善于做词，大学毕业后在各校教书，有一年他依照乡风，在新年制办馒头猪头肉请客，山东馒头之佳是没有问题的，猪头有红白两样做法，甘美无可比喻。主人以小诗二首代柬招饮，当时曾依韵和作打油，还记得其一的下两句云：早起喝茶看报了，出门赶去吃猪头。清河名物，据主人说此外还有"臭水浒"，清河人称武松为乡亲，所以对于《水浒》似乎特别有兴趣，喜欢说，无论讲哪一段都说得很黄色，因此得了臭名。这本是禁止的，可是三五人在墙根屋角，就说了起来，这是很特殊的一种说法，但若是把《水浒》当作《金瓶梅》前集看时，那么这也是可以讲得过去的吧。

文中提到的那位"朋友"便是顾随先生，而那"最好的猪头肉"则出自顾随先生的夫人徐荫庭之手。之京老师据自家境况推断，能在新年置办猪头肉请客，必在抗战开始前的几年。关于里面提到的"臭水浒"，顾随先生曾有专文《山东省民间流行的〈水浒传〉》论及之。大略是说，山东及其周边地区流行一种近乎大鼓书的"水浒传"，而且说是"水浒"，其实只讲武松一人，所以或叫"说武二郎的"。文章写道："每逢庙会或谢神唱戏之日，说唱者往往找一个比较僻静的地方作场，类如寺庙的角落里，或寺后，或郊外，绝对不在冲要及熙来攘往的地带。他顶怕妇女们来听，一遇她们来了，他便说'好的'祈求她们赶快离开，有时甚至于作揖下跪。听的人大半是游手好闲的人，倘是知识阶级，那必定是满不在乎的一位，否则'拉不下脸儿来'，因为词句太猥亵。就为这缘故吧，有地方便名之曰'臭水浒'。"《山东省民间流行的〈水浒传〉》一文发表于1936年12月间的《歌谣》周刊，似乎也可以证明周作人应邀到顾家做客即在那时前后。

三、为周作人"辩护"

1948年春，顾随先生弟子叶嘉莹离开北平南下结婚，在南京人地两生，不胜寂寞之感，7月2日写了一封长信给顾随先生，报告境况，寻求开慰。7日，顾随先生复函劝导，言及："南京，不佞是一个熟人没有。有个极熟的人却住老虎桥狱里。你当然知道他是谁。不过他之寂寞一定更甚于你，你此刻也决不会去看他。"这里所说的"老虎桥监狱"是人们的习称，其时它的正式名称是"首都监狱"；而那位住在监狱里的"极熟的人"，正是周作人。

抗战爆发，华北沦陷，北京大学南迁，周作人留在北平。1939年8月起，开始在日伪控制下的北京大学工作，后相继担任伪华北政务委员会常务委员兼教育总署督办及伪东亚文化协议会会长等职。日本投降后，周作人于1945年12月被军统局逮捕，次年5月由北平解往南京受审。

　　1946年6月17日的首都高等法院检察官起诉书中列举了周作人任伪职期内"聘用日人为教授，遵照其政府侵略计划，实施奴化教育，推行伪令，编修伪教科书，作利敌之文化政策"等罪行。6月18日，沈兼士等十四名大学教授及文化界人士①联名具呈首都高等法院，爰举1943年在东京举行的东亚文学家大会上，"日本文学报国会"代表片冈铁兵对周作人的严词指斥，及附呈之《周作人服务伪组织之经过》一文，证明其并非通谋敌国、甘心附逆，实有消极抵抗之言行，并有保护文化之实绩。时任辅仁大学教授顾随及辅仁大学名誉教授董洗凡、辅仁大学教育学院长张怀等均在此十四人之中。

① 十四人分别是：前辅仁大学教授沈兼士、辅仁大学名誉教授董洗凡、辅仁大学教育学院长张怀、辅仁大学教授顾随、北京大学教授陈雪屏、前清华大学教授冯平伯、前清华大学教授邓以蛰、辅仁大学教授孙人和、中国大学教授王之相、前北平大学教授陈君哲、北平临大补习班教授前国防最高委员会秘书陆佛万、《华北日报》总主笔孙几伊、中国大学教务长童德禧、国立西北大学教授武梦佐。

1937年4月与家人在东四四条寓所南房门口

1946年7月15日，周作人提交辩诉状，称在职期间曾营救过辅仁大学秘书长、院长英千里和董洗凡、张怀等教育方面地下工作人员。后追加辩诉状，对救护教育方面工作人员再作申明，称："救助辅仁大学秘书长、院长英千里、董洗凡、张怀等一案，有该校前文学院长、现任教育部平津区特派员沈兼士，又该校现任教授顾随可以证明。"《审讯汪伪汉奸笔录》① 南京市档案馆编，江苏古籍出版社1992年版。下引见第1460页。中完整收录了顾随先生为之出具的证明：

　　查三十一年十二月及三十二年一月间，华北文教协会人员及私立辅仁大学重要教职员英千里、董洗凡、张怀等均被日寇逮捕。时周作人正任伪教育总署督办，一再与敌方人员交涉释放优待。及三十四年春夏间，英千里、董洗凡、张怀等被释放，时周作人又曾署名具保。其时随正任辅仁大学国文系教授，知之甚确，特予证明如上。

　　　　　　　　　　　　私立辅仁大学国文系教授 顾随

上述情况同时得到亲历其事的董洗凡的认同。

　　顾随先生虽与周作人有较为密切的师生关系，但反日爱国的立场却并未受丝毫影响，拒受伪北大教职即是明证。据之京老师介绍，先生曾向自己的三女之惠说过："伪北大我是不能去的，这一脚要是蹚进浑水里，爸爸这一辈子就跳进黄河也洗不清了。"

　　1946年11月16日，首都高等法院做出判决，以"共同通谋敌国、图谋反抗本国"为由，处周作人有期徒刑十四年，褫夺公权十年，全部财产除酌留家属必须生活费外没收。而顾随先生参与证明的事情，皆为法院采信。判决书中言及："就以上种种证据观察，或为国家机关之公文书，或为公务员之具结证言，且有具体之事实，如保存及增添校产、书籍有确实之数字，被捕判刑及保释之年月与人数均属斑斑可考，决非临时徇情向壁虚构者可比。是被告主张在抗战期内不但保存文化机关之产业及书籍，而且向人劝募或以伪组织公款与自己之财力设法增加，以及营救中央地下工作人员等情，既有确切之证明，自可认为真实，即与《处理汉奸案件条例》第三条第一项规定相符，衡情酌理，应予减轻其刑。"

1948年4月于辅仁大学校园

对此判决，周作人不服，以"虽任伪职，并无罪行，既非通谋敌国，亦未反抗本国"为由，申请复判。1947年12月19日，最高法院下达特种刑事判决，撤消原判决，仍以"通谋敌国、图谋反抗本国"罪名，但却减轻判处其有期徒刑十年，褫夺公权十年，全部财产除酌留家属必须生活费外没收。

1949年6月19日辅仁大学校务委员会成立大会后合影，后排左一为顾随

直至1949年1月26日因国内形势变化被保释放，周作人一直在南京老虎桥监狱服刑。

四、跋《往昔》及《杂诗》

关于周作人在羁所的生活状况，黄裳在其1946年8月27日的一篇名为《老虎桥边看知堂》的通讯中有所记载：

> 这是一个小院子，里边是孤零零的一所红砖房。其中是一间间的小房间，从门板上面的一小块铁丝网窗中可以望进去，房子极小，可是横躺竖卧的有五个人……"知堂"刚刚回来，在里面一角里的席地上，脱下了他的小褂小心地挂在墙上，赤了膊赤了脚在席上爬，躺下去了。旁边放着一个花露水瓶子。[1]

面对此情此景，连作者都不禁叹道："那情景，真已是够凄惨的了。"而周作人却也有其排遣和表现的渠道和方式。在他的《往昔三十首后记》[2]中，我们看到的仍旧是往昔熟悉的闲情闲笔："去年五月末自北平移南京，居于老虎桥，长夏无事，偶作小诗，并为人题画，前后半年，得诗数十，其中有往昔一题，凡五续，共三十首，别录为一卷。"至于那些"小诗"，《后记》写道：

> 兴之所至，随意写出，初无格律，亦多出韵，本不可以诗论，但期达意而已。情动于中而形于言，咏叹淫泆，乃成为诗，而人间至情，凡大哀极乐，难写其百一，古人尚尔，况在鄙人，深恐此事

① 见黄裳著《金陵五记》，金陵书画社1982年版，第32页。

② 见周作人著《知堂杂诗抄》，岳麓书社1987年版，第37～38页。

一说便俗，非唯不能，抑亦以为不可者也。此三十首多说史地杂事，稍附意见，多已见于旧日小文中，亦无甚新意，其与旧作有殊者，唯在形式似诗耳。若即此以为是诗，则唐突诗神，亦已太甚矣。

1947年初，顾随先生辗转拿到周作人《往昔》三十首及《杂诗》十一首的抄本，"往复读之，欢喜赞叹觉有不能已于言"，于是洋洋洒洒写下一篇千字跋文。全文如下：

> 右知堂师作《往昔》卅首及《杂诗》十一首，乃自南京老虎桥首都看守所写寄冯废名者，何君抱彭录以见示，遂亦手抄一过，课务牵率，即偶得暇又时时有客来，以故一周星间始得卒业。往复读之，欢喜赞叹觉有不能已于言。
>
> 余平时上堂说诗，尝谓唐以后人所作诗多似诗而非诗，其所以非诗，正以其太似诗也。知堂师每自号其学为杂学，且不肯以文学之士自居，况肯自命为诗人？今其自跋所作，一则曰，本不可以诗论，再则曰，予所作本非诗，犹夫平日之志也。兹四十一章中，若《往昔》之"三之三"之李白，"二之四"之徐渭，"四之五"之李贽，其思想余或有所不解，即亦不欲强同；若"四之一"之李耳，"一之一"之长沮桀溺，"一之三"之范蠡，以师诗中语论之，殆皆足以令读者气舒复毛戴者矣。至《往昔》之"五之五"、"五之六"，《杂诗》之一、二、三、六、七诸篇，奇辟精警，近古未有，可使小儒咋舌，而其平通正达，情理兼到，又能使哲士倾心。余近作《和陶公饮酒》廿首以示君培，君培曰："自步兵《咏怀》、太冲《咏史》、景纯《游仙》以迄于渊明《饮酒》、射洪《感遇》、太白《古风》，渊源一脉，生理世情，诗情哲思，兼容并包，君此作亦颇得其意旨。"余闻之，亦殊自喜。然以视师所作，则一为概念，一为具体，至其深入而浅出，言近而旨远，则

师盖超逸绝伦，而余益瞠乎后已。抑师之作何其不似诗，而余之作又何其太似诗耶。君培所云云，当移以评此《往昔》与《杂诗》始当耳。然师作亦有似诗者，若《河与桥》之"河港俄空阔，野坂风萧萧。试立船头望，烟峰干云霄。"《夜航船》之"晨泊西陵渡，朝日未上檐。徐步出镇口，钱塘在眼前。"而《扫叶楼》一章中之"凭窗望台城，块然如层丘。苍茫有古趣，感触如深秋。"举渔洋所谓神韵，静庵所谓意境，兼而有之，此等处虽不能即谓为败阙，而作者之意未必在是，则又可断断言者。要之，师之学溢而为诗，故偶有所作，不必似诗而终成其为诗，而世之为诗者，徒斤斤于声调格律之间，故其所作，无一不似诗而终不成其为诗。若其不似诗者，则抑亦终非诗也。

夫师之诗既大异乎流俗，而余之所欲言者，又不足以尽师之诗。有识之士见此四十一章诗，其必有所得。若其读之而无所得者，余纵言之，抑又何补乎？《杂诗》七有云："说话非易事，大旨只是悭"，则不如其已为愈也。

卅六年四月廿八日朽雕堂苦水

这篇跋文题作《跋知堂师〈往昔〉及〈杂诗〉后》，明白传达了作者论诗的两个观点，即什么是诗，什么是好诗。

关于什么是诗，顾随先生认为，"唐以后人所作诗多似诗而非诗"，而"其所以非诗，正以其太似诗也"。我国自古有诗教传统，强调诗必为温柔敦厚之真性情的自然流露。然而随着诗的文人化和格律化，诗的教化功能和质性特征日渐式微。文学史上几次大的诗文革新运动，无不呼唤儒家传统的回归。顾随先生持论亦有此义，指出今之作者，只知"斤斤于声调格律之间"，所作诗徒有其表而无其实。跋文中，顾随先生大赞周作人《往昔》、《杂诗》之作"深入而浅出，言近而旨远"，直与步兵

（阮籍）、太冲（左思）、景纯（郭璞）、渊明（陶渊明）、射洪（陈子昂）、太白（李白）一脉相承。在顾随先生看来，诗人不当以诗人自命，甚至不可以文学之士自居，惟其如此，方能虚怀若谷，专心积累，至其学有所成，情有所动，歌以咏之，则其"不必似诗而终成其为诗"也。

在周作人服刑期间，顾随先生似曾与之有通信联系。1948年11月7日日记提到："拟与知堂师写信，亦以心情不佳未能下笔。"1949年1月，南京国民党政府开始释放日本战犯及汉奸。1月26日，六十五岁的周作人被保释出狱，8月回到北平。而于同年7月起，顾随先生以风湿旧疾牵动心脏，休养三年，此间与外间联络自然难于进行。病愈后不久，顾随先生受天津师范学院聘请，由教育部调派，去往天津任教。出京前，本拟往看周作人，却因行期迫促，又腰腿不健，懒于行动而未能成行。所见顾随先生遗文里，最晚一次言及周作人是在1953年7月 13日致卢季韶的一封信中：

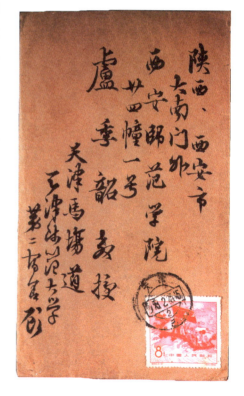

顾随致卢季韶书信封（上世纪50年代末）

> 来津以后得见知堂老人所作《鲁迅的故家》一书，署名周遐寿，一九五三年上海出版公司出版。其中文字去年曾继续于上海日报登出，如今始汇集印成一集。日前天暑无事，曾借得一部读一过。文笔松松懈懈，仍是启老本来面目，惟所写太琐屑，读后除去记得许多闲事而外，很难说令人得到什么好处。即启老自序亦谓"鸡零狗碎"矣。深恐最近之将来不免有人要批评一通，弟曾见此书否？如无事可以一看，否则不过

目，亦不甚可惜耳。

与对其杂诗的评价不同，顾随先生对周作人的散文并不十分赞赏，"文笔松松懈懈"是就文字来说，"很难说令人得到什么好处"则就内容而言，"仍是启老本来面目"则是对周作人散文一贯的评价了。由此，似乎也可以看出，顾随先生论文，是主张行文简练，言之有物的。

1956年冬与夫人徐荫庭在天津师范学院第二宿舍寓所书房

1956年冬在天津师范学院第二宿舍寓所书房

附录：顾随致周作人书八通

一、1933年9月23日

知堂老师：

昨日上午十时后，东邻来了许多女生，大搜某"老人"，嚷成一团糟，结果亦不曾搜得，然而门禁紧严得可以，两个孩子下学回来，被问某"老人"是你们甚么人？答云甚么都不是，才放进来。下午出去上学，又由弟子护送，对把门的人说明了原委，才放出去。直到下午，据说有武装警察多人，又有不知谁何之人，才把伊等劝走。走时的口号是明日再来。晚间厨子听东邻的当差说，再来便再打了云云。此刻又是十时后，尚不见动静，大约是不来也。

老师来书问诗思如何，另纸抄呈近作散套，博老师一笑。诗思殊不旺盛，但贪心不死，颇思硬作而已，则又真堪笑也。师兄曾在女院晤面两次，今晚餐会当能相遇。弟子迩来亦尚清闲，中法仍无消息上课，想大忙时或在十月之初乎。草草不恭。敬祝

法悦

弟子苦水白言　九月廿三日

【大石调】青杏子

新秋坐雨

余热近全收，闲庭院落得清幽。映阶红蓼新来瘦，相伴着藤萝架上、凤仙篱下、薛荔墙头。

【归塞北】光阴疾，真似下滩舟。空说鲁阳曾挽日，几人尝见海西流，时序太悠悠。

【么篇】金风起，不送旧时愁。窗下坐听三日雨，眼前看得十分秋，落叶正飕飕。

【尾】好醉床头三杯酒，一任雨僝风僽。身闲爱梦游，今夕新

凉合消受。

二、1933年10月2日

周老师座右：

　　上月廿七日示书，敬悉种种。迩来师徒斗法事，业已水落石出，高下分明。弟子门前，已不复如日前之警跸森严，知注特闻。文正公于今日上午接事，第四小时招集全院学生谈话，放了弟子一小时假，殊令人高兴也。

　　所云施居士集，数年前即曾见过孔德学校选本，近顷又购得中华书局翻刻本，得窥全豹。惟弟子刻下正致力于富有蒜酪风味之元曲，居士之作，幽秀芊绵，精心研读，须俟诸异日耳。弟子已下决心作五年计画，诗词散文暂行搁置，专攻南北曲，由小令而散套而杂剧而传奇，成败虽未可逆睹，但得束缚心力，不使外溢，便算得弟子坐禅工夫也。又上次与吾师信中明言贪心不死，此四字是切实供状。弟子自幼即喜东涂西抹，不意四年来，笔墨生疏，非不想写，但写不出耳。每一念及，便复怅恨不已。今兹有此路可走，大似落水人抓得一茎草，极思藉以攀援而出，即不，亦可令惶惧之心得片时轻松也。

　　老师读书录已写得数篇不？亟思先"读"为快耳。匆匆，不尽缕缕。敬祝

法喜

弟子苦水和南　十月二日

三、1935年7月22日

病中不寐口占

　　未可成新梦，凭教觅旧心。沄沄零露坠，唧唧夜虫吟。诗思入中晚，生涯一古今。博山烟一缕，帐底自浮沉。

不寐偶长叹，忧生未是愁。力瘥金勒马，毛敝黑貂裘。料得今宵雨，应成半日秋。一凉恩已重，此外更何求？

知堂老师正之

弟子苦水呈草

四、1936年7月29日

知堂老师法席：

今日下午静希兄来谈，据说中法仍下聘书与范前院长，再由范公物色代庖之人；若然，则范公自有其替身，机会益发不多矣。张公不曾到苦雨斋去，不知何故，弟子前此已嘱其于礼拜日上午前往，上周既未去，此周或能晋谒，但现在人作事，亦甚难说也。师兄颇以升官而不能发财为憾，亦事之无可如何者耳。独酌遂醉，殊草草，不罪不罪。专此。敬颂

法喜

弟子苦水和南 廿九日

五、某年3月8日

知堂老师法席：

友人郝子固去岁归自南中，友邦人士曾邀之恳谈一次，必欲其出而作事，且允代觅枝栖。惟郝君深恐人地匪易，或致陨越，特托弟子转请老师设法，事不计大小，薪不计多少，但得一衔名，能书于门楣上，足矣。郝君旧曾在中法作高中秘书，亦能教初中国文之类，与宗真甫俱曾在秋明先生属下。附白。敬颂

法喜

弟子苦水和南 三月八日

六、某年5月25日①

　　……晚饭后得吾师手书，又语录三章，如大热得美荫，积困为之一苏。题王君画及题弘一法师书二章已见过，但师跋语中鱼沫相响一语，弟子所感实深。一体苦住，故能感受。但道有浅深，吾师出语，雍雍穆穆。若弟子则不免有浮气躁气，至少亦有愁苦气也。星期日上午拟晋谒，余俟面详，不一一。敬颂

法喜

　　　　　　　　　　　　弟子苦水和南 五月廿五灯下

七、某年某月26日

　　知堂老师法席：

　　比来写字之余，时时为小诗自遣，兹拣录一章请正②。吾师兴致何似？译书外，有新制否？专肃。敬颂

法喜

　　　　　　　　　　　　弟子苦水和南 廿六日午后

八、1943年2月10日

　　知堂老师法席：

　　比来弟子月入大减，事不烦，固大佳，惟食少难堪耳。顷舍弟又失业归来，负荷益重。敢恳老师为在圕③中设法。雪后转寒，又患伤风，未能晋谒，恕恕。敬请

道安

　　　　　　　　　　　　弟子苦水和南 二月十日

　　顾宝谦年二十九岁，辅仁大学美术科毕业，曾任山东第二师范学校教员。

顾随与张中行

① 张中行《顾羡季》，收入1990年之《顾随先生纪念文集》时，作者改题为《纪念顾羡季先生》。后又收入《顾随先生百年诞辰纪念文集》。引文均据黑龙江人民出版社1986年版之《负暄琐话》。

顾随与张中行二位先生因"禅"而结"缘"。因了这"禅"，顾随先生临窗"揣龠"——"苦水之写《揣龠录》，自其开端之'小引'，一直到现在写着底'末后句'，没有一篇不曾受过中行道兄之督促"《揣龠录·末后句》；有了这"缘"，中行先生"负暄"思人——"因为他为人这么好，学术成就这样高，我常常是想减少一些因怀念而生的惆怅，但做不到。"[1]

一、学禅的因缘

顾随先生乃真"学禅"，而非治"禅学"。关于与禅的因缘，先生在《禅与诗》一文中曾有过总结：

青年张中行

> 最初，是由于《镜花缘》的一段笑话。书中叙一居士，随喜寺院，僧慢之而趋迎贵人，居士怒而诘之。答曰："其中有一禅机在焉，接是不接，不接是接。"居士批其额曰："打是不打，不打是打。"当时幼稚，但觉新鲜有趣。后自笔记中更见到一个偈语说："镇日寻春不见春，芒鞋踏遍岭头云。归来笑捻梅花嗅，春在枝头已十分。"颇觉韵味悠长，是乃第二因缘也。当在燕大教书时，于大学演讲聆胡适之谈禅，胡先生大肆发挥，并引用禅宗大师"昂首天外看，无我一般人"之语。尔时我对禅宗虽无深切了解，然已有感于禅宗不应如是之简单也。像《传灯录》、《五灯会元》等书，在这时亦都依次读过。其后痛遭先严大故，促成我与禅宗最大之因缘……当此身心衰弱之时，才感到历来所学，并不能帮助自己渡此无可奈何之关头。至此方思学禅，原意是即或不能在此中辟一大道，亦可稍睹光明也。

除此之外，《揣龠录·从取舍说到悲智（上）》中又说："八载沦陷，坠落胡尘，虽求道念切，而闭门造车，既未遇大师赐与针札，亦未得益友共同砥砺。"抗战爆发之后，顾随先生痛遭国难，陷身北平，有心杀贼，无力回天，无怪乎"求道念切"，而欲借佛法以求解脱。

自"弱冠之年始见到一部《金刚经》，取而读之"，历三十余年，顾随先生已经"稍稍明了世尊底苦衷"（《揣龠录·从取舍说到悲智（上）》）。著文立说，广行布施，只是时节因缘的问题了。先生尝言："记得胜利之后，第一次通默师书，自道八年以来为学次第，其中一段说到了自己的学禅，有曰：'学道之念虽切，而工夫不纯，未敢自信，于禅学述作，至今并无只字。则以未到大彻大悟，文字表述无宁稍后。'"（《揣龠录·不是不是》）然而这种状况，一遇张中行，即得改变，一年有余，一部洋洋五六万言的《揣龠录》便呈现于大众面前了。

二、《揣龠录》

顾随先生与张中行同是北大"红楼"[①]中人。顾随先生毕业于1920年，张中行入学已是1931年。上世纪30年代，顾随先生时或入"红楼"兼课，而张中行并未曾选听顾随先生的课程。直到1947年春夏之交，张中行着手主编佛学刊物《世间解》，才促成了彼此的交往。办刊之初，张中行深感稿源困难，有同学李君介绍说"顾先生喜欢谈禅，可以找他试试"（《顾羡季》），于是不无忐忑地"大胆登门"，"以为十之九会碰壁，结果却出乎'意表之外'"[②]：

① 老北京大学位于东城区沙滩北街（今五四大街）的一处校舍，1918年落成。整座建筑通体用红砖砌筑，红瓦铺顶，故名。红楼是中国近代史上最早传播马克思主义和民主科学思想的重要场所之一。

② 张中行《禅外说禅——怀念顾羡季先生》，初刊于《河北大学学报》1990年第4期，收入《月旦集》时径以《怀念顾羡季先生》为题。亦收入《顾随先生百年诞辰纪念文集》。

顾先生身材较高，秀而雅，虽然年已半百，却一点没有老练世故的样子。我说明来意，他客气接待。稍微谈一会话，我深受感动。他待人，几乎是意外的厚，处处为别人设想，还惟恐别人不满足，受到委屈。关于写稿的事，他谦虚，却完全照请求的答应下来。①

① 张中行《顾羡季》。

1947年夏与五女之平、六女之京于南官坊口寓所院中

顾随先生之写《揣龠录》，绝不同于任何一家，文字生动幽默，开合自如，却是处处玄机，一经刊出，即引起强烈反响。张中行回忆说："我主编的佛学月刊，得到许多师友的支援；但由分量重、反响多这方面说，列第一位的是顾先生这一篇。"[①]顾随先生起初接受这项"任务"的时候，只是谦虚地道了个"不胜其惶恐之至"，"小引"甫竣，便成不由自主了："如今惹火烧身，自救不了，被中行道兄一把抓住，迫教每期《世间解》都要有一篇胡说，而且不许曳白出场。"（《揣龠录·第二月》）而张中行激发鼓动的手段也相当了得，《世间解》第四卷卷首编辑室杂记中有曰："苦水先生说禅，最初也许是逼上梁山。继而写过两次，禅机时动，就欲罢不能了"（《揣龠录·不是不是》）。如此一来，顾随先生若是搁笔，即便张中行答应，读者怕也不答应了。

① 张中行《顾羡季》。

　　在《揣龠录》连载期间，张中行经常出入顾宅。当时，顾随先生住在北平前海北岸的南官坊口，张中行住在后海北岸，步行只有二十分钟的路程。之京老师还能清晰地记得当年中行先生到访的情形。顾随先生南官坊口的住所原是一座旧日的王府，后院、中院、前院、小跨院共住了六七户人家。住在后院的房东自不必说，中院的两户人家也较为殷实，他们都在大门上安有电铃，供来访者通报。前院南房与小跨院的两家住户，都是一般平民，绝少客人来访，邻居、亲戚来了，推开大门直奔住室。惟顾随先生，虽是名教授，又颇为拮据，友朋弟子时时造访，却连电铃也安不起，只好因陋就简用了一付"拉铃"：大门口门楣上的拉手是一个小木片，上书"顾宅"二字，一根长长的粗铁丝连接住室门旁的小铃铛。来访者只要拉动拉手，小铃铛就会发出清脆响声。之京老师回忆说，那时候她十二三岁，每当自己家屋门前的小铃响起，她便负责去开大门。她记得，中行先生到访时，始终穿一件灰色长袍，无论冬夏。瘦瘦的身形，挺直的腰板，总是一脸异常的平静，似乎没有过其他表情。因为常来，已经熟识，少时

张中行名片

的之京老师总是礼貌地向他微微一躬，称一声"张先生"，中行先生点头回礼，径直走向顾随先生的书房。

在之京老师家里，珍藏着一张名片：白色，竖排"张中行"三字，左右空白留有铅笔字迹："羡季老师：又来谒。文章如何？急待发稿也。待命。颂安康。学生中行拜。"那是张中行当年拜访顾随先生时留下的。有幸的是，我们在顾随先生的日记中竟然见到了关于这张名片的记录："下午小睡不香，起来仍苦体乏。三时许出外理发，以星期日人多至六时始理毕返寓。张中行来访未晤，留片嘱为《世间解》写稿，当作一书告以下礼拜交卷。"这段日记出自1948年12月5日。除此之外，在其前其后一个多月时间里，我们还能见到有关张中行登门造访的三次记载："张中行来送稿费，并嘱作文。"（1948年11月12日）"张中行送《世间解》第十一期来，并嘱写稿。"（1948年12月1日）"张中行送来稿费五十元。"（1948年12月19日）即便在《揣籥录》中，也不时会出现张中行执着的身影："昨夜中行道兄亲自送到《世间解》第四期，而且叮嘱说：'《揣籥录》的第五篇也该着手了。'"（《揣籥录·不是不是》）"《世间解》月刊要出版了，中行道兄来相邀了，见地与胆力依然，而机缘却已成熟，于是写之又写，遂乃至于七写矣。"（《揣籥录·老僧好杀》）"苦水自从本年二月杪放下了《揣籥录》遮一条破布袋，眨眼不觉半载有余，其自在可知也。不意上月中旬中行道兄驾临小庵，道是《世间解》继续出版，《揣籥录》第十一篇务须早

早著手。"（《揣龠录·南无阿弥陀佛》）

　　面对这样一位敬业的编辑，作者又怎能有半点的马虎和懈怠？在一年多时间里，顾随先生先后写成一系列十二篇谈禅文章。在第十二篇《末后句》中，顾随先生用同样幽默的话语道出了对张中行的感激和敬意：

　　　　且说苦水之写《揣龠录》，自其开端之"小引"，一直到现在写着底"末后句"，没有一篇不曾受过中行道兄之督促，就是道兄自己也曾说苦水之写此录是"逼上了梁山"。于此我必须声明：中行道兄永远瘦，过去是，现在是，而且将来也永远一定是，虽然苦水并不懂得麻衣相法。在编辑底中途，道兄积劳成疾，还生了一次不轻底病：肺炎。记得我去看他底时节，虽已十愈八九，但他仍须躺在床上和我说法，看其面貌较之平时也并不算瘦；其时我想道兄大概平时早已瘦到不能再瘦底程度了罢。至于道兄之善于催稿子则

顾随小楷《心经》

决不弱于孙公伏园，即使苦水并非鲁迅，而且他也并不笑嘻嘻。他底面貌永远是那么静穆，语音永远是那么平和，总而言之，一句话：他永远不着急，不起火。遮常使我想：道兄真不愧为有道之士也。而其静穆底面貌与其平和底语音却有一种"逼人力"，即是说：他让你写稿子，你便不能不写，不好意思不写；即使是挤（鲁迅所谓挤牛奶之挤）也罢。多谢道兄：以苦水之无恒与无学，拙录竟托了谈禅之名出现于佛学月刊底《世间解》上，得与天下看官相见；而且一年有半底期限之中，竟写出了十有二篇。

对于顾随先生之行文说理，中行先生最是知音："顾先生虽是在家人，讲禅却还是混在古德的队伍里，拈机锋，举禅杖，甚至也既棒又喝，而不直说命意所在；行文是为上智说法，草中兔，水牯牛，轻轻点染，要求读者因指而见月，闻一以知十。"[1] 讲起顾随先生的文稿，中行先生更是赞不绝口："稿用红格纸，毛笔写，二王风格的小楷，连标点也一笔不苟。十二章，六七万字，一次笔误也没有发现。我有时想，像这样的文稿，可以双料利用之：一是给写字不负责的年轻人甚至有些作家看看，使他们知所取法；二是装裱后悬在壁间，当作艺术品欣赏。"[2]

《揣龠录》的前十一篇连续在《世间解》月刊发表，而《末后句》，因杂志停刊，未得公之于众。十一篇的原稿由顾随先生索回，皆于"文革"中不幸遗失，只有《末后句》一篇一直保存在张中行手中。1979年秋，书目文献出版社请之京老师为《中国当代社会科学家》撰写顾随先生生平事迹，之京老师赴京谒见中行先生搜求父亲遗文，中行先生亲手将《末后句》誊录寄还，使之得成完璧，合为《揣龠录》一卷，并在上海古籍出版社1986年出版的《顾随文集》中首次以完整的面貌问世。想顾随先生许多作品散落飘零，而这样一部极具代表性的著作能够保全下来，实赖中行先生珍视之功。

① 张中行《禅内禅外——怀念顾羡季先生》。

② 张中行《顾羡季》。

张中行致顾之
京书信封

之京妹：

　　稿已送体。亲多多，姜李哥著作佛教部分
介绍，今旧增写来。中甚妄说，未必合适，又
另有如行联缀，均请裁定。祝好！　中行1.15

　　汉魏以后，佛教与中国文化关系很深，对
中国文学影响很大，顾随先生因为研究中国文
学而读了大量的佛教典籍。他深入地了解了禅
宗和文艺理论的关系，于四十年代写了表面是
谈禅实际是讲文理和禅理相通的文章《揣籥录》。
全文十二章，主旨是说，可意会而难言传的境
界，文与禅是相通的；而要文章达到最高境界，
就必须先能彻底舍，然后才能真有所宣取。这
道理是深奥的，枯燥的，可是他写得生动味丽，
正如他自己所说，已经不像谈禅而是写散文了。

谈

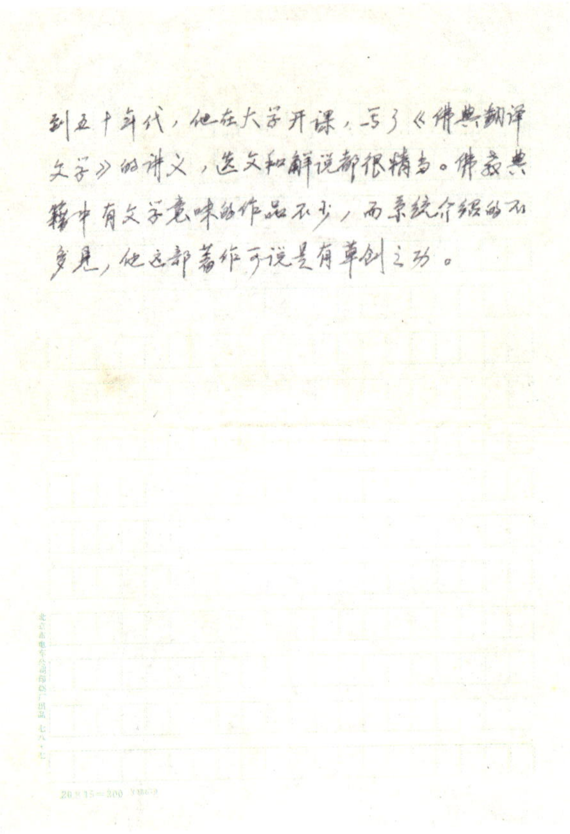

到五十年代，他在大学开课，写了《佛典翻译文学》的讲义，选文和解说都很精当。佛教典籍中有文学意味的作品不少，而系统介绍的不多见，他这部著作可说是有草创之功。

之京老师并请中行先生为顾随先生著作作佛教部分的介绍，中行先生复信之京老师，信中写道：

汉魏以后，佛教与中国文化关系很深，对中国文学影响很大，顾随先生因为研究中国文学而读了大量的佛教典籍。他深入地了解了禅宗和文艺理论的关系，于四十年代写了表面是谈禅实际是讲文理和禅理相通的文章《揣龠录》。全文十二章，主旨是说，可意会而难言传的境界，文与禅是相通的；而求文能达到最高境界，就必须先能彻底舍，然后才能真有所取。这道理是深奥的，枯燥的，可是他写得生动流丽，正如他自己所说，已经不像谈禅而是写散文了。

张中行的这段评语，从"文理和禅理相通"的角度解读顾随先生的这部谈禅著作，或许正切顾随先生所欲宣讲的不二法门。

毕竟，顾随先生是顺着禅家的路径说禅，或者说是"禅堂内说禅"。当时不少读者叫好，不少读者喊难，也有的既叫好又喊难。于是，顾随先生希望张中行也写一篇，"把嫦娥从月宫拉下地"，于是便有了中行先生的"禅堂外说禅"的《传心与破执——揣籥之揣籥，呈顾羡季先生》。只是来得稍晚了些，直到上世纪50年代初方才写就，1953年，才与顾随先生的跋文一起，发表在当年11月号的《现代佛学》。

三、再续前缘

1953年后，顾随先生在天津师范学院任教。值得一提的是，1954年，先生曾开设《佛典翻译文学》一课，并写有三万言的讲义。这在当时的全国高校，或许都是创举。在讲义的"结语"中，顾随先生记述了自己首开此课的心情：

在开头，我很高兴（于此不敢滥用"荣幸"）讲授佛典翻译文学。我不是佛教的信仰者；也不是佛学的研究者。而佛书却是爱读的……而且我越读佛书，就越震惊于释迦牟尼的天才与其伟大的人格

1954年春于天
津师范学院住所
书房

……而现在呢？我很高兴来讲佛典翻译文学。这高兴殆不下于小孩
子过新年,穿新鞋。大半生教书，在各地各校曾担任过种种不同的教
科，我还不曾讲过佛典文学，虽然在堂上有时也曾征引个一句半句
的。这一次,用了古语来说,正是破题儿第一遭,这也是我稚气地高兴
的原因之一。

而当教材选定，备课将竣之时，他却又说："我的高兴可也差不多
烟消云散，剩下的只有惶恐了。"何以如此？他坦诚言道："不拘写稿、
选材、加注，我越写下去，越感觉到自己对于佛学之无知。新的理论呢，
我又那么有限：使我不能很好地掌握着去批判地接受佛典。总而言之，讲
授佛典翻译文学，我还不能胜任而愉快。"这是顾随先生一贯的谦虚的表
达。但作为教授、名师，一位深受学生崇敬和爱戴的名师，同时他又说：
"不过环境条件俱已具备（这就是佛所谓因缘），我不能也不便于开小
差，只好准备着硬着头皮去上课。这就算是责任感吧。"

顾随致张中行行书
二通

顾随先生到天津后，再没回过北京。中行先生回忆说："我有时到天津去，一定去看他。房子很大，靠南窗的大书案上，除书以外，总是摆着端砚之类的小古董。他说，到天津以后，在北京逛小市买小玩意儿的那种乐趣没有了，现在偶有所获，都是他女婿曹君送来的。因为我也喜欢逛小市，买小玩意儿，所以他总是把他的新收获一样一样拿给我看。"如今，身在津门，与故人谈起闲时逛德胜门小市的情形，中行先生说："他说不能再去逛，终是遗憾。"①

② 张中行《顾羡季》。

顾随先生喜欢逛小市。1937年在题《颜鲁公祭侄帖手稿》跋语中曾言及"去冬余偶于东安市场小摊上得此书，嗣后时时展玩"；又曾在1942年7月31日致弟子滕茂椿的信中不无得意地告之曰："日前于马路旁地摊上得一歙石砚，只费洋一元五毛。"此稿编撰过程中，笔者还在网上搜得顾随先生《无量义经笺注》行楷题记图片一帧。全文录下：

> 此经余旧有一本，是商务印书馆以仿宋铅字所印。今日午后，散策什刹海，于小摊上复见此本，喜其注释详明，因以法币二千圆得之。卅六年九月十六日倦驼庵苦水

顾随先生又以书法见称。彼时中行先生正着意收集前辈手迹，自然不能放过顾随先生，于是备四张影印古籍宣笺寄往天津。不久，顾随先生写就寄还，并致信说："嘱件四纸，今日得暇，草草写就，随函寄上。素不喜用宣纸作字。章草所写《心经》似尚可看，自书劣诗殊要不得，即亦不复署款，尚希谅之。不佞自去岁病起，曾立誓不以诗文字三者应酬朋友，今兹为吾道兄破例矣，呵呵！"（1953年11月5日）

1960年9月6日，顾随先生因病逝世，遁离尘嚣，也一度远离了人们的视线。

上世纪80年代初，"伤逝"与"怅惘"萦绕于怀的中行先生正思执

顾随章草《心经》及诗稿，即信中所言"嘱件四纸"

笔讲述他记忆中的一些人和事。想到顾随先生，他感慨兴焉："顾羡季先生卒于天津马场道河北大学住所，到现在已经二十年有余了。我总想写一篇纪念文章，也应该写一篇纪念文章。可是风急雨骤，安不下心，又即使写了也不会有地方发表，于是'沉吟至今'。现在拿笔，当作'琐话'谈谈……"这就是我们今天所能见到的《顾羡季》一文。两位先生的交往曾经非常密切，而中行先生在下笔之时竟觉有些"为难"，原因则是："谈别人，材料常常有限，惟恐不能成篇；谈顾先生正好相反，材料太多，惟恐一发而不止。"最终，中行先生选择了一个折中的做法——"大题小作"，着重谈了高文典册中不会记载的自己与顾随先生交往中的一点感触。文章详细介绍了两人的工作之谊、朋友之情。情至深处，想顾随先生卓立一世，欲印文集，不少可收应收的作品却再也找不到了，中行先生"不免有人琴俱亡之痛"。

其实，条件渐渐成熟，顾随先生的女儿和学生很快开始了先生遗作的搜集、整理和出版工作。1986年，《顾随文集》由上海古籍出版社出版发行。对于此书的出版，之京老师在后记中写道："这本文集固然凝聚着先父一生在研究与创作上所付出的心血，同时也凝聚着收存先父遗稿，关怀、指导、汇编此书的各位前辈和学人的心血。"这其中便包含了中行先生的热情关怀和指导。前文已经说到，是中行先生将《揣籥录》完整地保存了下来，而《佛典翻译文学》之能完整无缺，中行先生同样功莫大焉。当时，之京老师所存油印讲义少了一页，幸而中行先生依所藏按原样将缺失内容亲笔誊抄一份补齐。文集出版后，欣幸之余，中行先生又作《先生之风，山高水长——读〈顾随文集〉》①一文，着重从教育后学革除文病的角度，提出自己对顾随先生为文的三点体会：一是读书能够深入体会，不在表面滑；二是敢于并惯于说己见，不随波逐流、人云亦云；三是行文敢于并惯于以本来面目见人，没有八股气、讲章气、刺绣气和烟雾气，并一一举

① 原刊于《读书》1989年11月号，后收入《顾随先生百年诞辰纪念文集》。

顾随先生的研究和创作，详细加以说明。中行先生解题说："山高指已定的成就，是就我的感知说；水长指未定的影响，是就我的希望说。"

　　顾随先生逝世以来，亲人、弟子为其举行了三次纪念活动，一次在逝世三十周年，一次在诞辰一百周年，最近一次是2007年的诞辰一百一十周年纪念会。

　　1990年9月6日的逝世三十周年纪念会，张中行先生亲自参加，并在会后撰写了一篇纪念文章——《禅内禅外——怀念顾羡季先生》，再续与

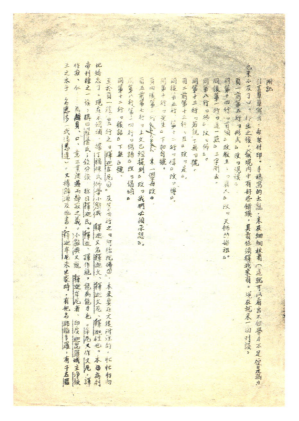

《佛典翻译文学》讲义残页

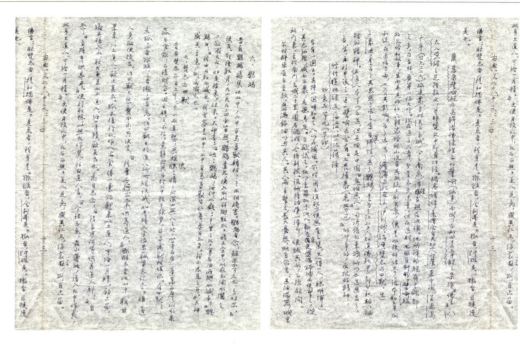

张中行手抄《佛典
翻译文学》阙页

顾随先生的因缘，谈因禅而与顾随先生的交往："这可以说是《传心与破
执》那篇文章的补充与扩大。我没有忘记顾先生期望的话，可是扉页上不
能写'呈顾羡季先生'了！"追思既往，中行先生望文兴叹："想到顾先
生以及他的禅，就更感到愧怍和悲伤。"

1997年5月16日，顾随先生百年诞辰纪念会在北京师范大学举行。中
行先生因事未能出席，乃于当日早晨疾笔写就一段文字，着专人送到会
场。文中列举了顾随先生在学术、为人和情趣等三个方面三种"高风"，
赞为"世间稀有"。末尾语重心长："人去不能再来，补救之道就剩下，
轻是开会纪念，以示不忘；重是学习他，并想法使更多的人学习他，求我
们这块土能够'齐一变，至于鲁，鲁一变，至于道'。"

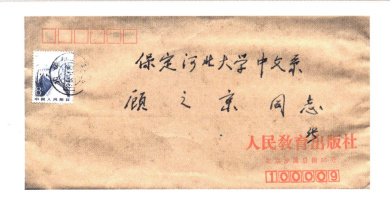

之京师妹：

　　接来信，据审录不知行时可以排出书样。前十一章盖吾师手稿皆索回，不知为谁找到否。如能找到，则较勘甚易；如不能，则有疑即须翻五灯会元等书，就较费力了。接周先生信（附上一阅），始知彼尚不知排印之事。要校样事以清样为宜，或二校样，方少误也。

　　《作文杂谈》已写完，月底拟清和可完。多半本社印。倘出书不妨碎发表也好。

　　老友李署篱消息，能得之最好，不知晚年情况，心常秋之也。

　　匆之，问

　　春祺。

　　　　　　　　　　　　中行拜上 4,25

张中行书面发言

今天上午是顾羡季先生百年诞辰纪念会，我也该参加，可是记忆力差，中午答应另一个集会，并且在我家里集合，其中有的人没有电话，难得改期，实在不好办。幸而有王问渔兄教导，说可以书面发言，所以决定以笔代口，说几句。

内容很简单，是这样的纪念会很有意义。何以有意义？是顾先生作古太早，我们都不免有太史公"天之报施善人，其何如哉"之叹，不得已，只好退一步，开会纪念，小焉者是表示怀念，大焉者是缅想高风，高山仰止，学习，也有小焉者，是独善其身，还有大焉者，至少是希望能够挽狂风于既倒。

这里单说顾先生的高风，我的私见，可以举三种。一是学术的造诣，世间希有。古今中外，无所不通。单说诗词曲，无论是讲别人的，还是写自己的，都成家，而且是大家。也无妨想一下今可以不说，上溯到五四以来，有几个人有这样的水平？二是为人的造诣，也是世间希有。我有幸，由四十年代后期起，常有亲炙教的机会，印象是，待人接物，不只是儒家的"己欲立而立人，己欲达而达人"，而是佛家的慈悲为怀，或说"众生无边誓愿度"。我的想法，这方面的"德"就更值得景仰，学习，因为，如我们多年来所见所闻，上上下下，有为数不少的人是以整人为事，甚至以整人为乐。整人成风，应该说是民族的悲剧，如何补救？也就只能求人人都肯向顾先生这样的人学习了。三或者应该算作小节，是顾先生学识高，品德高，都没有道学气，学究气，换句话说是日常生活中不少风趣。举一件小事为例，是喜欢逛小市，买些不登富贵人之堂的小文物，小工艺品，放在案头欣赏。我忝为同道，记得五十年代前期，我到天津，抽暇到马场道去看他，谈起德胜门小市，他说不能再去逛，终是遗憾。

三种高风说完，还想由己身下笔，说几句私情的话。总的是我失去良师，每一想到就不免于悲伤。也举一些事为证，记得五十年代初我写一篇《传心与破执》，谈禅宗的师徒授受，曾请顾先生过目，承他[redacted]写个长跋。其后不久顾先生归了道山，又过了二十多年，我不自量力，不只写了谈诗词的《诗词读写丛话》，还写了谈禅的《禅外说禅》，书成之后就想到顾先生，如果他能看看，我就可以少出些丑吧？可是他却过早地走了。人去不能再来，补救之道就只剩下，轻是开会纪念，以示不忘；重是学习他，并想法使更多的人学习他，求我们这块土能够"齐一变，至于鲁，鲁一变，至于道"。

人民教育出版社　第 2 页

1997年5月16日晨，张中行

附录一：顾随致张中行书二通

一、1948年9月24日

中行道兄法席：

　　稚女上街归来，带到《世间解》十期两册，并传道兄谕：拙录第十一篇须于月杪交卷云云。贫道假中自恣过甚，多读杂书，常写杂文，道心道力，两俱摧毁，十数年来所未尝有也。自上次晤面后即着手起稿，两页之后自行检阅一过，觉得胡说八道，简直不知所云，遂弃去不要，准拟休息两日然后重写。今日无课，便即着笔，上下午已写得三页，似较日前所作为稍佳，顾仍不能满意，将来成败，未敢逆睹。上月在广播（电）台所讲之稿，已去信与津友，嘱其重抄寄平，如拙录第十篇（当为第十一篇——笔者）竟至曳白，或即以之塞责乎？先此布达，余容续启。此颂

法喜

　　　　　　　　　　　　　　　苦水和南　　九月廿四日灯下

二、1953年11月5日

中行道兄法席：

　　嘱件四纸，今日得暇，草草写就，随函寄上。素不喜用宣纸作字。章草所写《心经》似尚可看，自书劣诗殊要不得，即亦不复署款，尚希谅之。不佞自去岁病起，曾立誓不以诗文字三者应酬朋友，今兹为吾道兄破例矣，呵呵！但自恨其字画之不工耳，其他亦不足道也。臂疼甚，草草。此颂

著祺

　　　　　　　　　　　　　　　顾随再拜　　十一月五日灯下

癸巳寒食日用苏东坡黄州寒食诗韵

三年病垂死，今兹佳眠食。周命方维新，着意自爱惜。相看两白头，静好鼓琴瑟。细雨洒春城，山中乃飞雪。柳垂风有姿，桃开寒无力。朝来水边行，西山头更白。

二月已清明，余寒势渐已。高柳覆丛篁，一庵大城里。西州花已繁，明湖茁新苇。友朋与弟昆，妙词书茧纸。孰云隔影形，天涯若邻里。长吟动肺肝，既卧再三起。

今岁寒食在夏历二月，京城有雨，而西山降雪。周子玉言客锦城，家六吉客历下，皆有新词见寄，故诗中及之。十月将临，孟冬在即，灯下写此，指腕木僵，甚劣劣。

述堂　时客津门

附录二：张中行致顾之京书五通

一、1979年3月2日

之京师妹座右：

　　来札诵悉，一则以喜，一则以戚也。羡季师一生磊落，品格、学问、文章，皆非时流所能望其项背，而归道山后竟仍横遭凌辱，凡尚有人心者，岂得不为之发指。今则邪气降而正气伸，作者词典中已列入大名，羡师有灵，亦可稍感安于九泉矣。妹及汝公兄所拟小传甚详实，中能补充者颇少。惟研读时想及一事，作为单行之传，内容或可扩充，若作为词典中之一条，则或稍嫌详尽（或位之轻重不分明）。中臆断以为，此稿可作为原始材料，尚须根据此材料，精简为一定稿，最多五六万字，或即可不再改动，原样入词典矣。此事亦可由词典编者为之，或最好仍由汝公大笔定之。中自

返出版社工作，杂事不少，拟稍过数日，当往谒汝公，面商定稿之事，望妹亦考虑之，有何高见，仍即时直札可也。匆此。即颂
教安

张中行拜复　三、二

二、某年1月15日

之京妹：

想已返保。杂事多，羡季师著作佛教部分介绍，今日始写来。也是妄说，未必合适，又前后如何联缀，均请裁定。祝好！

行拜　1.15

汉魏以后，佛教与中国文化关系很深，对中国文学影响很大，顾随先生因为研究中国文学而读了大量的佛教典籍。他深入地了解了禅宗和文艺理论的关系，于四十年代写了表面是谈禅实际是讲文理和禅理相通的文章《揣龠录》。全文十二章，主旨是说，可意会而难言传的境界，文与禅是相通的；而求文能达到最高境界，就必须先能彻底舍，然后才能真有所取。这道理是深奥的，枯燥的，可是他写得生动流丽，正如他自己所说，已经不像谈禅而是写散文了。到五十年代，他在大学开课，写了《佛典翻译文学》的讲义，选文和解说都很精当。佛教典籍中有文学意味的作品不少，而系统介绍的不多见，他这部著作可说是有草创之功。

三、1984年4月25日

之京师妹：

接来信，《揣龠录》不知何时可以排出打样。前十一章羡季师手稿皆索回，不知尚能找到否。如能找到，则校勘甚易；如不能，则有疑即须翻《五灯会元》等书，就较费力了。接周先生信（附上一阅），始知彼尚不知排印之事。要校样事以清样为宜，或二校

样，可少误也。

《作文杂谈》已写完，月底抄清亦可完。多半本社印。既出书，不零碎发表也好。

老友李曾笃消息，能得之最好，不知晚年情况，心常耿耿也。匆匆。问

春祺

中行拜上 4, 25

四、1985年8月31日

之京师妹：

手教拜悉。选读二册大学生可用，原未想到。先以为三册可作大学生课外读物，是把大学生估计高了。

拙作《作文杂谈》没想到发稿二十余日即来初校样，看样年底年初即可出版，至时当即呈请指教。

来信言及顾先生全集并收叶嘉莹文，想起一件事，现恐为时已晚。即顾先生撰《揣龠录》时，曾约定我也写一篇谈禅宗的，以表唱和。不想拖延至五十年代初始写成，名《传心与破执》（共六七千字），先呈顾先生看，顾先生写了跋语，一齐发表于《现代佛学》。现在想来，宜作为附录，但这须改页码，恐出版社未必同意。如何，请酌定。

挂号发，因常失落也。匆匆。

中行拜 8, 31

拙作乃以现代科学观点解参禅之所求，原意这样可以为《揣龠录》作一注解，使人知貌似疯疯癫癫实有所为而为也。

行又及

五、1998年9月15日

之京贤妹：

遵嘱，查《现代佛学》中《传心与破执》，羡季师之跋尾即起于"……复次"，推想其前为书札，文革前物，原信已不见。

检旧存书札，得数件，皆复印（《心经》当不能入文集），寄上，请斟酌编入。

我身体尚可，妻则脑萎缩兼摔伤，不能自理矣。匆匆。颂
时安

张中行拜

98.9.15

顾随与启功

① 现存顾随日记之一种，起自1949年元旦，讫于同年4月10日。

顾随先生1939年始兼辅仁大学课，燕京大学封校后即专任于此，直至1950年。启功先生则早在1933年即入辅仁，1938年转至国文系任教。两位先生有着十几年的同事之谊，《旅驼日记》①中留有启功先生新年后到顾宅过访的情节。两位先生又同是书法大家，结有深厚的笔墨情缘，于此，以下三则故事或可助读者略窥一斑。

一、现存顾随先生临欧阳询千字文后记及启功先生跋语墨迹，全文如下：

1947年春夏之交与辅仁大学中文系教师及研究生于恭王府花园合影，前坐者左为顾随，后立者右四为启功

元白居士闻余比来时时临欧帖，乃以其所藏率更楷书千文摄影本见示，此何异以摩尼宝珠与奚子也耶。元白谓此恐非真欧书，或是明人伪作。余初见之亦臆断其为赝鼎，以其运笔多圆而少方，决非信本家法。已而觉兰台《道因碑》及唐写《陀罗尼经》用笔亦多圆也，且此千文并无大欧款识，后来收藏，珍贵自矜，乃命为信本真迹以炫人而已。私意或是唐代无名书家所为，纵不尽合欧法，然结体用笔仍富古意，正恐宋元明人未必能伪托耳。至于余今兹所临亦不尽仿原帖，时时以意为之，又所用退笔入后益秃不中书，加以指腕无力，腰臂作楚，故后半卤莽，纵勉，更少合笔也。稚女于暑中以作楷为日课，姑以畀之使作范本云尔。既将原本归元白，乃书此以识一时翰墨之缘。卅有七年七月十二日苦水

安麓村《墨缘汇观》欧阳询《张翰思鲈帖》条云：余曾收率更千文一卷，运笔结体全类此帖，上有"绍兴"小玺，贾似道印后有王晋卿大草跋，亦所罕睹者，为人索去，不知流落何所，余幸刻石，不至湮没也云云。此卷后入石渠，近年五国城中书画又付劫灰，此卷闻已撕毁，仅王晋卿跋尚在沈阳市上。余偶得照片，以苦水先生素好欧书，亟奉一观。先生手临一通，不啻右军之于伯英，所谓焕然神明，顿还旧观，欧书完缺，殆不足萦心矣。至于安刻书谱传拓至今，而千文石本一无所见。物之显晦，信非人力所能为，世之得见先生此本者，亦足以眼福自慰也。戊子中元后三日识于简精堂灯下启功

存世欧阳询书千字文有楷、草、行三个本子，顾随先生所临当为行书（行楷）千字文。中国画报出版社出版的《欧阳询书法全集》中收有此本，并介绍说："墨迹本，无款。行书，首尾百余行，前后千余字。此帖也是流传有绪的名迹之一。此帖曾归宋王诜所有，其后经贾似道等收藏，明代入项元汴天籁阁，清乾隆初年归安歧所有，并摹勒上石，后入

元白居士闻余比年时时临欧帖乃以其所藏宋
拓书十文榻赠未见示此行书以摩尼宝珠也
货于也耶元白谓此且非真欧书或是时人伪
作余谛已之脱贞鼎以其运笔多
圆而少方硬耶信本家法已而览兰亭道因碑
及唐写经随居纤用笔亦多圆也且此文乃
无大欧款识后来收藏家贵自矜乃乞名书
其真迹以炫人而已秘意或是唐代专名书
家二为继昌枣合欧法然拒择用笔乃富古
三正态宗元明人未必此伪託耳聖扵余亦然
所临二不尽仿原帖时时上为之人亦不同退

笔入浅毫秃不中书加以指腕无力要髯
作楚衣浅半囟鞓绁意更少合笔也程安
扵暑中以作村篆日课姑以异之使作范本
云尔既将以原本付无白乃书此以浅一时
翰墨之缘世青七年七月十二日苦水

安扈邢墨缘秉观欧阳询化度与隘
帖條云余曾收章更手文一卷运笔结
体全颣此帖上属绍兴小墨贲似道印
后有王晋卿大草跋二所罕靓者为人
索去不知流落何所余辛勦石不致湮

清内府。现藏辽宁省博物馆。此帖自始至终一丝不苟，每一字之起落笔，由牵丝中可见，笔笔相连，转折自如，气势贯通，疏密适度，清秀挺拔，飘洒有致。"[1]启功先生跋中称"贾似道印后有王晋卿大草跋，亦所罕睹者"。王诜（晋卿）以画名，书迹流传甚少，跋欧书千字文全文为："东坡公云：欧率更书非托于褊险，无所措其奇，其末流遂至李国主辈，五降之后，不容弹矣。仆非唯爱此评，又爱其笔札瑰伟，遂先白主人而取之，主人自有好事之病，怜我病更甚，故取之而不拒也。晋卿书。"王诜此跋"行书疏宕流散有杨凝式韭花帖意"[2]，同样是一件难得的艺术珍品。

　　1948年7月19日，顾随先生在致弟子滕茂椿的信中提到："日前临得欧书千文，尚可看，已交启元白君作跋。"先生一向实事求是而又虚怀若谷，既肯说"尚可看"，必定是用心而为的佳制，否则恐也不会去向启功

① 刘炳森编《欧阳询书法全集》，中国画报出版社2002年版，第104页。

② 沈迈士著《中国画家丛书·王诜》，上海人民美术出版社1961年版，第23页。

先生索跋。如今，两位先生的记、跋皆在，而临本却已毁没。昔启功先生谓"世之得见先生此本者，亦足以眼福自慰也"，更教后之人有痛惜之憾！

二、顾随先生追随沈尹默先生学习书法，更"刻意于老师之所学"，而于真书服膺信本（欧阳询），自谓腕力不足以为欧法，求其次乃学登善（褚遂良）。唐太宗为玄奘法师所撰《三藏圣教序》除怀仁集王（羲之）书刻石以外，尚有雁塔本与同州本，皆以为褚遂良书。上世纪40年代中，顾随先生弟子史树青于北平琉璃厂集粹山房偶得先生临摹之《同州圣教序》（据先生自跋，乃书于1938年）。顾随先生1941年9月由牛排子胡同迁居地安门内碾儿胡同，之京老师猜测，此件当系搬家时遗落外间的。

上世纪70年代初，树青先生持以向启功先生索跋，启功先生乃为之书曰：

苦水翁最工倚声，讲授之暇，挥毫寄兴。平生服膺惟在沈尹默先生，心摹手追，升堂入室，偶临唐碑魏志，亦不失秋明指腕之法。今读所临《同州圣教序》，不啻重挹风规，再钦笑貌，而此翁不作已近廿年。树青我兄藏弄属题，附笔册末，不胜回车腹痛之感。一九七四年夏日启功

1990年，天津古籍书店影印出版《顾随先生书同州圣教序》，顾随先生此本与启功先生题跋得以同飨世人。

启功《顾随先生书同州圣教序》题跋

三、1990年9月2日，顾随先生忌辰三十周年纪念会在北京举行。先生三女之惠特往师大小红楼寓所，请启功先生为纪念会撰写联语。启功先生欣然应允，几日后书成，联曰：

文苑仰宗师众失拱辰三十载
书坛标重望脉延典午两千秋

上联谓顾随先生文章为百代师表，下联赞先生书法有二王遗风。二王是晋代人物，而晋是司马氏天下，"典"有执掌一义，同"司"；"午"在地支中表"马"，后世因以"典午"谓"司马"。

顾随先生一生成就，尽皆在此一联之中。

启功撰书顾随忌
辰三十周年悼联

顾随先生行年简表

1897年 1岁

2月11日（农历正月十二）生于河北省清河县坝营集魁文堂。

1901年 5岁

进入家塾，受其父金墀启蒙。

1907年 11岁

考入清河县城的高等小学堂。

1910年 14岁

考进广平府（今永年县）中学堂。

1912年 16岁

母去世。

是年前后，娶妻纪氏。纪氏1919年亡故，留有二女，长之秀，次之英。

1915年 19岁

通过北京大学国文系入学考试，在校方建议下就读英文系，遂于当年进入天津北洋大学英语系预科专攻英语。

1917年 21岁

转回北京大学英文系就读。

1919年 23岁

参加五四学生游行。

1920年 24岁

夏，结束大学学业，获文学学士学位。

9月，进入山东青州中学教授英文。

下半年，与徐荫庭结婚。徐氏（1899～1982），山东临清人，生有四女：之惠、之燕、之平、之京。

1921年 25岁

辞去青州中学教席，6月底赴济南任《民治日报》编辑。7月，主持《民治日报》增发之"半月刊"。

10月起为济南女子职业学校上课，授国文、英文二科。同时兼济南省立第一女子中学课。

1924年 28岁

夏，赴青岛私立胶澳中学（青岛一中前身）任教。

1926年 30岁

暑假后，任直隶第一女师范学校教员。

1929年 33岁

6月，得燕京大学聘书，为国文系专任讲师，9月到燕大任职，住在校方为其安排的学校附近成府村一座平房小院的北屋。

1931年 35岁

春节过后，妻徐氏携二、三女入北平与之同住，不久租住于东四四条一号的一处院子。此间以"萝月斋"、"荠斋"、"夜漫漫斋"、"习苣庵"等为书房命名。

兼北平大学课，至1933年。

1932年　36岁

兼中法大学课，至1948年。

1933年　37岁

父去世。

1934年　38岁

兼北京大学课，至1937年。

1937年　41岁

7月，迁居牛排子胡同三号院。书斋名始更为"倦驼庵"。

1939年　43岁

始兼辅仁大学课，燕京大学封校后专任辅仁，至1950年。

1941年　44岁

9月下旬，迁居地安门内碾儿胡同二十九号旁门。

1942年　46岁

兼中国大学课，至1948年。

1943年　47岁

4月29日，迁居什刹海北沿的南官坊口二十号院的北房。仍以"倦驼庵"为斋名，晚年去掉"倦"字，径以"驼庵"为号。

1948年　52岁

10月30日，迁居李广桥西街（今柳荫街）八号。取书斋名为"两三竿竹庵"，1953年病愈后简化为"竹庵"。

兼北京师范大学课。

1949年　53岁

任辅仁大学中文系主任、校务委员会委员及附校（附属中学、小学）

委员会主任。

秋，以心脏痼疾病倒。

1952年 56岁

辅仁大学并入北京师范大学。

春，病愈。

1953年 57岁

6月，赴任天津师范学院（后更名为天津师范大学、河北大学）教授。

1960年 64岁

春，病重。

9月6日逝世。

后记

　　拙作《顾随与现代学人》一稿，承蒙中华书局李世文先生垂爱，不久即将出版，感激惶恐自不待言，此外犹有一二情节须藉后记交代明白。

　　近年，人们为顾随先生冠以"隐藏的大师"，细咂其中滋味，倒也颇有几分耐人寻思。先生是大师，无论在当时还是今天看来，都是当之无愧的；而于过去几十年中一度寂寞不闻，又与人们对于传统文化、对于国学的态度正相吻合，这一隐一显，虽自在情理之中，却又是件值得庆幸和欣慰的事情。

　　后学无知，在顾随先生工作过的河北大学（即当年的天津师范学院）学习工作十几年，竟只知先生其名而已，直至几年前无意中淘得一册《顾随说禅》，随意读到其中的一篇文章，方才有"相见恨晚"之快。其后又得亲近先生六女之京教授，因缘殊胜，收益良多。

　　我之所以景仰顾随先生，盖因先生以下几点过人之处：先生以一人有限的时间和精力，而于诗、词、散曲、戏剧、书法、禅学等诸多方面皆有非凡成就，此其天赋才华，鲜有可比；其二，顾随先生大半生身在乱世，虽未抱有某种坚定信仰而弄潮于时代的风口浪尖，但却始终表现出一介爱国知识分子的担荷精神与坚贞气格；其三，先生一生，登坛说法，乐为人师，善相化育，弟子中非止有后来人所熟知的周汝昌、叶嘉莹等国学大家，早年即有学生因受先生教导和支持，奔赴后方从事抗敌报国活动，此一点，又实是先生学问、人品在现实中合而形成的具体作为。

既对顾随先生有追随之心，自然对有关先生的话题和评论愈加留意，于是也就愈发感到目下对于先生的介绍推广远远未能满足读者更进一步认识和解读先生的需要，于是，便以发掘先生与周作人的过从开始，陆续有了其与沈尹默、沈兼士、冯至、张中行、启功等诸位师友交往的点滴记录。行文不事敷演，但循一个"实"字，回头来看，竟成罗列故实，错漏亦所难免，至于"抛砖引玉"之初衷，惟望读者不以鄙陋而不查。

又，本书为作者2009年承担的河北省社会科学基金项目，项目编号：HB09BWX002，相关《管理办法》规定此信息须在后记中写明，兹附于此，余不更赘。

赵林涛

2009年8月